ÉTUDES LOCALES

LE PAYSAN

LOZÉRIEN

—|o|—

JULES BARBOT

—·o·—

MENDE

IMPRIMERIE TYPOGRAPHIQUE AUGUSTE PRIVAT

5, Rue Basse, 5

—

1899

Le Paysan Lozérien

Une étude approfondie du caractère et des mœurs du paysan lozérien constituerait certainement un travail des plus intéressants, mais exigerait des développements plus longs et surtout plus scientifiques que ceux qui vont suivre. En attendant, puissent ces quelques notes — couchées au jour le jour sur le papier et livrées a l'impression presque sans aucun ordre — servir à celui qui aura le mérite d'écrire l'histoire ethnographique du peuple Lozérien.

PLAN DE CETTE ÉTUDE

En observant la configuration de notre département, qu'on s'est plû à appeler le « toit de la France », on voit qu'il est divisé en trois versants dont les eaux s'épanchent dans les bassins de la Garonne, de la Loire et du Rhône, versants qui ne reçoivent — fait particulier — aucun ruisselet des départements limitrophes.

Ces trois versants semblent correspondre à trois systèmes géologiques absolument distincts. En premier lieu, la partie granitique ou *Montagne* proprement dite ; c'est la région des vastes pâturages et des landes de bruyère qui font vivre les troupeaux et ceux-ci l'homme. En second lieu, la partie calcaire ou des *Causses*, la région de la pierre et du seigle, où l'homme cultive de maigres champs de céréales et quelques pommes de terre :

« Ce sol ne donne qu'une herbe rare — mais du moins aromatique et substantielle — dont le mouton seul sait se contenter; le mouton du Causse sait se passer de boire, et ses lèvres sont usées par la nécessité de brouter une herbe courte et sèche sur un sol pierreux ».

Enfin, c'est la région schisteuse ou des *Cévennes*, pays déchiqueté et tourmenté, où l'indigène vit surtout de chataignes — son pain — qu'il arrose d'un vin faible, produit des vignes cultivées sur d'étroites terrasses, agrippées aux pentes montagneuses.

Cette division, en quelque sorte naturelle, caractérise nettement trois sortes de types ruraux ; mais entre ces prototypes, admettant des modes secondaires, il existe de nombreux points de ressemblance, et il suffit pour les faire connaître d'en étudier un spécialement.

Un de mes jeunes amis, M. DANIEL MORNET, dans une admirable relation de voyage sur les **Cévennes et les Causses,** a esquissé le caractère du Caussenard : je lui fais un large emprunt que je tâcherai dans la suite de développer de mon mieux (1).

M. Mornet a eu l'occasion de se trouver à Mende un jour de grande fête religieuse (15 *août* 1894 ; *Couronnement de la Vierge Noire)*, il a coudoyé les Citadins et les Caussenards accourus en foule pour la circonstance. Puis il a vu le Causse et visité les Gorges du Tarn : Voici quelles ont été ses impressions.

_____

(1) La citation est longue et parfois s'écartera un peu de mon sujet : mais elle abonde en aperçus tellement originaux, est écrite en une langue si imagée et si poétique, que le lecteur jugera si j'ai tort ou raison de la donner.

Un jugement sur le paysan lozérien

« En l'honneur de sa Vierge, Mende s'est transformée : d'ordinaire la ville est laide et sale, surtout l'hiver, quand le soleil n'avive plus ses contours pittoresques et que le ciel, suspendu aux pointes extrêmes des Causses, s'effiloche en loques grises ; en guise de rues, d'étroits boyaux qui circulent entre des murs déjetés ; les portes sont basses, les vitres crasseuses ; les maisons où le jour ne pénetre qu'à peine, sont malpropres, empestées à perpétuité de cette odeur malsaine qui semble particulière au pays. Mais, aujourd'hui, on a pillé les mousses, franges de calcaires dolomitiques, et les petits sapins arrachés de leurs éboulis rétrécissent gaiment les ruelles. Ce décor est joli et coquet à plaisir : d'un pignon à l'autre se suspendent les versets latins, les arcs de triomphe en toile peinte. Nous cheminons sous les banderolles multicolores qui se balancent gentiment dans la courte perspective des rues, et font comme un ciel rose et vert sous l'autre ciel bleu.

Aux carrefours, les jets d'eau jaillissent des vasques moussues et s'éparpillent dans les jonchées de sapin avec un petit murmure d'adoration devant les vierges noires entortillées d'étoffes reluisantes et couronnées de clinquant ; les cierges allument des étoiles d'or dans les aiguilles sombres des sapins. Tout cela est gracieux, naïf et sent bon ; la ville est baignée de parfums montagnards de résine et de lavande. Ces maisons bossues, penchantes, noircies, tapissées de verdure, de papiers aux couleurs vives, me rappellent ces vieilles petites fées des contes bleus,

qui arrivaient le sourire aux lèvres, sur des chars couleur de
rose. La vieille petite ville, elle aussi, sourit à ses visiteurs qui
flânent dans les rues, à l'aventure ; des pains biscornus pendent
à la devanture des boulangers ; d'antiques portes sculptées fer-
ment des soupentes ; comme contraste, des globes électriques
agrémentent des pignons de l'an 1300. Sur la grand'place, un
bel autel est paré de tapisseries Moyen âge.

Le spectacle est « nature » , et nos fêtes du centre n'en donnent point idée. La Lozère est un pays pauvre, enfoui dans les
derniers contreforts du plateau central ; les communications
avec les villes avoisinantes sont difficiles et rares : ces paysans
qui défilent à pas comptés, ont sorti des coffres de noyer les
plus invraisemblables, les plus lamentables costumes. Les hommes ne sont pas laids sous leurs vastes chapeaux de feutre
noir ; mais Auvergnates de toutes provenances, Mendoises
comme Caussenardes, se pavanent dans les plus disparates
atours : c'est une théorie continue de jupes et corsages sans
couleur, châles à la mode de 1830, et bonnets noirs égayés de
fleurs artificielles informes. Le beau sexe est laid ; les visages
sont communs, la taille plate, la démarche lourde (1).

Ne vous engagez pas dans cette foule, l'odeur du pays y domine
les senteurs de mousse ; l'eau, cependant, n'est pas rare dans
la ville : elle jaillit çà et là, eau de montagne, transparente, qui
garde un arrière-goût savoureux des lavandes que les pluies ont
baignées sur les plateaux, et la fraîcheur des cavernes inconnues, des avens profonds qui percent les causses et qu'elle suit
de cascade en cascade par des routes mystérieuses pour venir
sourdre au fond de la vallée. Personne n'use de ce petit filet d'eau,
qui vient de si loin et qui chante si bien sur les pavés.

---

(1) Voici ce qu'écrivait en 1829, M. A. DE CHESNEL, dans un " Voyage dans
les Cévennes et la Lozère " : « L'habitant de la Lozère a une physionomie agréable
et qui paraît être douce et timide. Les hommes, par leur costume et leur rire niais
semblent avoir servi de modèles a quelques rôles de nos comédies. Les femmes,
avec leur teint frais, leurs traits délicats et leurs yeux bleus, font trouver agréable
leur air tant soit peu égaré ». — J. B.

Tout ce peuple, joyeux sans doute, suit gravement les avenues de verdure, sans gaîté apparente, avec un air de recueillement ; les pignons se coiffent d'ombres fantasques, les banderolles claires s'entortillent dans les sapins ; les contrastes sont criards, répétés ; l'œil n'en est pas choqué : ce sont choses si drôles, si minuscules, petites rues, petites maisons, petites fenêtres, petits sapins, et si pittoresques par leur bizarrerie même ! Ce milieu n'est ni antique, ni moderne, et l'on se sent charmé de ce spectacle qui ne ressemble à rien de connu. Ces pauvres gens qui promènent de si tristes costumes sont sympathiques ; leur gaîté n'est pas bruyante (ni chevaux de bois, ni mâts de cocagne). N'oublions pas que les roches nues qui s'entassent tout autour de nous sur les pentes, percent en plus d'un endroit le mince terreau des plateaux ; la vie est dure dans la Lozère, et l'homme a l'aspect de sa terre ; les femmes n'ont pas le temps d'y être belles. On doit travailler toute l'année pour se nourrir ; il faut conserver les vieux habits, l'argent fait défaut pour de nouveaux achats...

....

Voila les habitants de la vallée du Lot et de la capitale du Gévaudan rigoureusement jugés : au tour du Caussenard.

....

« Le sommet du causse est atteint : la route est plane et nos vigoureux petits chevaux prennent le trot. Pendant plus d'une heure nous avons traversé le causse de Sauveterre et nous en avons gardé l'impression d'un pays étrange, peut être unique d'aspect. Nul contraste ; d'un cagnon à l'autre, chaque pli de terrain se ressemble ; la plaine s'enfle et se creuse en ondulations douces, jamais heurtées, jamais brisées, jamais interrompues : la terre s'allonge avec de souples replis jusqu'à l'horizon bleuâtre ou les lignes meurent et s'effacent. Avec la monotonie d'une marée, le plateau gonfle ces ondulations successives. De loin, ce sont des vagues de pierres teintées, d'un horizon à l'autre, de gris mat et de rouge brique. La terre est chauve, puissamment désolée, dernier débris d'une époque disparue. Il semble que sous l'action du refroidissement continu, ces plateaux, dont les roches fondues s'étalaient planes, se soient coagules en creusant les vallées qui les découpent. Et, sans doute, depuis le jour où la croute solide s'étendit de proche en proche sur les lacs incandescents, ni les Océans vagabonds, ni les pluies diluviennes ne l'ont creusée ; seules, quelques poussées intérieures ont dû soulever ces molles soufflures ; depuis des siècles incalculables cette plaine dort immobile, sans que rien ait changé sa physionomie.

Ni maisons, ni guérêts, ni arbres ; seules deux maigres rangées d'ormes rabougris bordent la route. Le causse se chauffe au soleil avec des frémissements d'écailles polies, et dans sa splendide parure doit songer aux époques lointaines, où les coulées de granit se solidifiaient sur les pentes. Il sourit aujourd'hui sous les caresses de cette lumière crue qui s'étale sur les colorations éclatantes du terrain ; le sol s'illumine de reflets d'or ; les croupes voluptueuses se gonflent dans l'embrasement des lueurs blondes, éclatantes et superbes, vierges de culture et de végétation dans la nudité primitive de la roche rebelle.... ....

Regardez de prés cependant et vous trouverez, de ci, de là, la marque des labeurs humains. A quel prix et pour quels résultats ? La roche est couverte d'une pellicule terreuse et semee d'innombrables débris, sables, cailloux, petites et grosses pierres, pressées, semées sur le causse comme une semence maudite à jamais improductive. L'homme cependant s'entête, et vous apercevez dans quelque creux des feuilles vertes de pomme de terre, abritées de murs en pierres sèches dans un enclos de quatre mètres carrés.

De sa voix trainante, notre cocher en blouse bleue, un vrai caussenard, la face glabre, les lèvres minces, les yeux malins, souriant toujours et parlant peu, nous raconte par bribes leur existence. A peine aperçoit-on dans le lointain, confondues avec la roche, quelques rares maisons. Le village se glorifie d'une demi-douzaine d'arbres et d'une douzaine de pieds carrés de jardins qui sont verts aussi longtemps qu'il pleut ; on y cultive des pommes de terre et des topinambours. Dans la roche on creuse des caves basses où gitent les moutons ; les troupeaux vaguent sur les plateaux pelés, à la recherche des lavandes et des touffes d'herbes.

Les pluies tombées sur le causse ont vite fait de se déverser dans quelque fissure : le sous-sol est sillonné d'innombrables ruisseaux qui descendent en une course folle jusqu'au Tarn ; mais les réservoirs sont profonds, les puits difficiles à creuser.

— Notre conducteur signale, tout au loin, une maisonnette à peine visible par l'angle gris de son toit.

« C'est une maison qui a un puits »

Et nous regardons avec admiration la maison qui a un puits. D'ordinaire, on supplée à ces puits par des citernes. Si l'été n'est pas trop sec, les citernes suffisent. L'année dernière, tout fut vidé ; les pauvres gens allaient quérir leur eau à trois et quatre kilomètres, à Balsièges, à Ispagnac par des sentiers impraticables aux voitures. Bien des enfants ne résistent pas a cette dure existence ; beaucoup meurent dès le premier âge. Ceux qui survivent sont robustes et bien portants, mais presque toujours moroses, rarement gais, et dans leur gaieté même, soucieux. Nous avons croisé, en montant, un Caussenard qui descendait sur Balsièges ; assis sur le parapet de la route, il nous a regardés d'un air fatigué. Je l'ai vu suivre des yeux la voiture, puis retomber dans son immobilité triste. Sur cette terre primitive, les habitants doivent être plus graves et plus simples. La terre du causse est vraiment une divinité farouche qui laisse une trace religieuse sur le visage de ses fidèles. La race ne se moule-t-elle pas sur le sol, et les armoricains n'ont-ils pas la rudesse de leur Bretagne, comme les gascons l'exubérance de leur soleil ?.....

. . . .

Le caractère des caussenards n'a pas encore été gâté par leur contact avec les touristes civilisés, ce qui ne tardera guère, selon les lois fatales ; il faut se hâter pour être à même de l'étudier dans toute sa verdeur native. Au physique, la race est assez laide et mal bâtie ; les privations et les maladies, le manque de médecins, la malpropreté, étiolent la plupart des enfants ; plus tard le travail les déforme, creuse leurs visages, courbe leurs membres. Malgré tout, si les visages le plus souvent sont ridés et taillés à coup de serpe, l'expression rachète cette laideur ; la malpropreté proverbiale de l'Auvergne est en honneur plus que partout ailleurs. La terre ingrate réclame tous les labeurs ; le temps manque pour nettoyer.

L'inexpérience des pauvres gens est visible. Ils vivaient dans leurs trous, confinés dans leur vallée, lorsque la belle manie des touristes est venue déranger leurs habitudes ; il ne faut nullement s'étonner s'ils se ressentent encore de leur surprise. A l'ordinaire, les habitants font pourtant preuve de tact et d'un certain goût. Polis, point gênants, peu causeurs, ils donnent cependant tous détails utiles. Il n'est pas jusqu'à leur accent, fort original, qui ne relève d'une nuance fine leur parler et ne lui donne une cadence musicale ; on suit cette cadence avec plaisir lors même qu'ils se parlent entre eux dans leur patois.

Toute une vie de luttes et d'efforts ne cadrant pas avec l'exubérance et l'expansion bruyante, ils se renferment en eux-mêmes et se dépensent le moins possible ; la parole est un inutile travail : de là leur mutisme presque constant.

L'hiver, les sentes et les routes même deviennent impraticables ; les médecins prennent cher, il faut aller les chercher très loin : on se contente des *reboutcux* de village. « Nous mourons comme nous pouvons, disent les bateliers ». En apparence, du moins, ces gens sont liés les uns aux autres : les jalousies et les querelles de clocher ne manquent point sans doute, mais ils semblent fortement unis par l'étroite communauté de vie qui s'impose l'hiver, et par leur isolement presque complet. Lorsque nous rencontrons, en glissant sur le Tarn, un pêcheur penché sur son filet, nos bateliers s'arrêtent et l'interpellent dans leur patois musical. Je ne leur ai jamais entendu prononcer l'égoïste pronom « on » qu'emploient les habitants de pays plus heureux. Le « nous » familial des premiers chrétiens est en honneur. Cette sorte d'union n'existe peut être qu'en paroles : en tout cas, elle donne un charme de plus à leur causeric.

Enfin, l'on trouve chez les caussenards, deux des caractères des races primitives : ils sont religieux, ils sont batailleurs. Les restes d'abbayes sont nombreux ; les pèlerinages sont vénérés. De loin, les habitants nous montrent trois taches blanches sur un fond vert : c'est un calvaire ; une silhouette sur un ciel bleu:

c'est un Christ ; une maisonnette blanche : c'est une chapelle , pauvres calvaires, le plus souvent rongés de pluies, couverts de mousse ; pauvres croix branlantes dans leur socle de roche ; pauvres chapelles nues et froides où l'on célèbre la messe une fois l'an, sans portes, sans cloches dans l'ogive qui les surmonte, mais entretenues pieusement, consolidées chaque année et pimpantes comme des constructions neuves au milieu des roches salies qui s'effritent. Au sommet du Capluc on a planté des barrières et scellé en même temps une lourde croix de fer, qui domine l'extrême fronton des causses ; à la Malène, trois lampions se balancent au dessus d'une fenêtre. En quel honneur ? « En l'honneur de la Vierge, messieurs », répond un garçonnet. Les habitants célèbrent à leur manière le couronnement de la Vierge noire. Si vous cherchez dans les vieilles histoires, vous verrez que toutes les grandes secousses politiques ou religieuses se sont répercutées et violemment prolongées dans le causse. Guerres de religion, guerre des Camisards, amis du mouvement, des violences, du pillage et prêts à s'enflammer de toutes les passions violentes. Les roches du Tarn ont abrité nombre d'aventuriers, et toutes ces petites villes, Ispagnac, Saint Enimie, le Rozier, qui semblent oubliées dans leur cagnon et à l'abri de tous les incendies du fanatisme qui bouleversaient le pays plat, ont subi des sièges, fourni des soldats, joué leur rôle dans l'histoire du pays.

Aujourd'hui même, les pêcheurs et les chasseurs sont en lutte ouverte avec l'autorité représentée par les gendarmes (1). Les gendarmeries sont loin, les chevaux se casseraient les jambes dans les roches du causse : on pêche les truites avec tout filet, on massacre les lièvres sans le moindre permis et sans le moindre remords. Aperçoit il un tricorne, le délinquant disparaît dans les roches ou les taillis ; le gendarme empêtre ses bottes dans les buis, s'égare dans les labyrinthes, s'époumone à grim

---

(1) « Le paysan de la Lozère a le caractère faux, intéressé, tracassier, cruel ; il est fréquemment en rébellion avec l'autorité ». *A. de Chesnel.*

per, tandis que notre s'ébaudit à le voir perdre sa gravité et son centre de gravité. Les habitants du pays ont beau jeu à narguer les malheureux pandores : les lièvres seuls et les truites pourraient s'en plaindre.

D'ordinaire, toute race primitive à quelque degré est ou franchement sociable ou franchement rebelle à tout contact. La défiance ou l'hypocrisie sont des fruits de la civilisation. Les caussenards sont immédiatement sympathiques. Du moins, notre opinion porte-t-elle sur ceux que nous avons pu juger ; il serait hasardeux, peut-être, de trop généraliser. On ne trouve pas par tout pays une race sérieuse, courageuse, religieuse et sociable ».

M. Mornet est peut-être un peu sévère pour les Lozériens : il ne s'en défend pas ; mais il y a une grande part de vérité et d'observation dans cette étude faite après quelques jours seulement passés en Lozère.

Caractère et mœurs du paysan

Essayons maintenant de fixer les traits saillants du caractère lozérien et de les expliquer, soit par des observations personnelles, soit par des critiques puisées aux

meilleures sources. Une division est nécessaire pour donner plus de clarté à cette étude.

Le Paysan est Religieux. — Catholique ou

protestant, le campagnard est croyant. Bien que le Gévaudan ait eu des colonies juives, le juif n'a jamais pu s'im-
planter chez nous ; il est trop long et trop difficile d'y
faire fortune. Le prêtre est respecté comme le pasteur ;
tous deux sont instruits, honnêtes, et leur influence est
presque aussi marquée en religion qu'en politique. On les
écoute et parfois on les craint. Eté comme hiver, le dimanche, le paysan manque rarement l'office, à l'église ou
au temple ; sans ostentation comme sans hérédité, il rem-
plit les devoirs que lui impose le dogme auquel il appar-
tient. Malgré cela, si les naissances illégitimes sont relati
vement nombreuses — et avec elle les infanticides —
par contre, le divorce est chose fort rare.

Les lieux de pelerinages abondent dans le pays ; nom
breux sont les Saints — nos rares gloires locales — invo-
qués pour telle ou telle cause ; il suffit, pour s'en convaincre, de regarder les rues les jours de fête ou quand
défilent les solennelles processions. (1) Car notre pays

---

(1) Parmi celles-ci, il en est une dont l'originalité mérite une
mention particulière : c'est la procession de la Passion, faite le
soir du Jeudi Saint par les Pénitents blancs de Mende ou ceux
de Marvejols, et dont le cérémonial rappelle la mise en scène
des manifestations analogues fort en honneur à Séville et dans
quelques villes d'Espagne.

« C'est une représentation muette mais éloquente du drame qui s'est déroulé, il y
aura bientôt deux mille ans, dans les rues de Jérusalem et sur le Calvaire. »

possède encore le rare privilège de voir librement circu-
ler des processions, et les commerçants et industriels ne
s'en plaignent nullement, En terre protestante, les disci-
ples de Calvin ont de splendides réunions, annuelles ou
autres, et où les fidèles, accourus des plus lointains-villa-
ges, viennent en foule clamer des cantiques à la louange
de l'Eternel ou des héros tombés sur le champ de bataille.

Sur les murailles qui bordent les champs, aux carrefours
des routes et sentiers, à l'entrée des villages, partout se
dressent des croix plus ou moins primitives. Dans les rues,
des niches abritent de vieilles statuettes qu'on vénère
avec respect et que des âmes pieuses entretiennent chari-

En tête du cortège s'avancent les femmes, sur deux files, dra-
pées d'un voile blanc, et portant, soit divers emblêmes de la
Passion, des vases, des tableaux de la Vierge, le portrait de
Sainte Véronique (tenu par des veuves), soit des falots transpa-
rents sur lesquels sont représentés des mystéres ou des scènes.
Viennent ensuite les pénitents, vêtus de robe blanche, la cagoule
sur la tête, porteurs eux-mêmes aussi d'objets ou d'instruments
rappelant le supplice de Jésus : le calice, les deniers, le coq, le
sabre, les cordes, le fouet, la colonne, les ronces, la couronne
d'épines, la robe d'écarlate et la robe blanche, les clous, le mar-
teau, les tenailles, l'échelle, l'inscription de la croix, la pique et
l'éponge. Enfin apparaît la Croix — haute de 4 mèt., large de
0,20 cent. — posée sur l'épaule d'un confrère qui marche pieds
nus, fléchissant à chaque pas, secondé par un aide remplissant
le rôle du Cyrénéen et tenant le pied de la Croix où sont fixées
deux poignées. Le prêtre, revêtu de la chape noire, accompagné
de deux assesseurs, termine le cortège qui parcourt ainsi les
rues de la ville et fait la visite des principales églises dans lesquelles des reposoirs ont été élevés.

tablement. D'aucuns veulent voir dans ce genre de culte du fanatisme ou de la superstition ; il y a là tout simplement une preuve de sentiments religieux, naïfs parfois, si l'on veut, mais profondément enracinés dans notre sol.

Il est rare que chaque famille ne compte pas, parmi ses membres, un prêtre, un religieux, un frère de la Doctrine chrétienne : aussi notre département peut il pourvoir, non seulement aux besoins de la région, mais aussi fournir des éléments aux diocèses voisins.

Pénétrons dans un intérieur : avec les images religieuses et les couronnes de prix données aux enfants, avec quelques papiers de couleur et de la verdure, on a confectionné une niche où trônent quelque Christ ou une statuette. Le matin et à l'heure où s'achève la veillée, la maîtresse de la maison récite la prière et les hommes qui font cercle à genoux répondent dans leur patois nasillard.

Le paysan est superstitieux. — Cette particularité du caractère campagnard provient sans doute d'un manque de culture intellectuelle : ce qui semblerait l'indiquer, c'est que peu à peu, avec le progrès, l'instruction plus répandue, la facilité des rapports avec l'extérieur le service militaire, les légendes tendent de plus en plus à disparaître et avec elles la croyance au surnaturel. On verra, plus loin, quelle foi nos paysans ont en la science des charlatans et des rebouteurs, la confiance avec laquelle ils acceptent les remèdes des bonnes femmes et des savants de village. Ils croient aussi à la vertu de certaines eaux — nulles comme effets — à des sources miraculeuses qui guérissent tel ou tel mal ou préservent de certaines infirmités, (*Fontaine de Saint Men, Lac de Saint-Andéol. etc.*)

✳

Quant aux *fées,* aux *dracs,* aux *trèves,* aux *revenants,*
on sait la terreur que tous ces êtres mystérieux inspirent
et toutes les légendes auxquelles ils ont donné naissance :
légendes qui se transmettent de génération en génération,
à la veillée, pendant les longues soirées d'hiver, alors
que le vent qui hurle au dehors apporte sa note de tristesse au récit lentement débité par l'aieul. Partout, vous
rencontrerez des maisons hantées, des *pierres de fées* ou *de
géants (dolmens, menhirs),* des ruines où errent des fantô-
mes, des grottes et des gouffres maudits ; que de fois de
braves femmes n'ont elles pas dit aux explorateurs de cavernes et d'avens qu'ils rencontreraient le diable ou qu'ils
risquaient leur vie à violer ces lieux ténébreux !

Les jeteurs de sorts — ils sont devenus bien rares —
sont quand même redoutés et, le campagnard regarde
toujours d'un mauvais œil les chemineaux et les mendiants rôdant autour des fermes et auxquels, par crainte,
il fait l'aumône d'un morceau de pain ou d'une botte de
paille pour reposer.

On sait les craintes exagérées que provoquent les appa-
ritions soudaines des comètes et des éclipses ; il y aurait
témérité à nier devant nos agriculteurs l'influence de la
lune (1). Jamais une maîtresse de maison n'entame l'é-

_____

(1) L'action de la *lune rousse,* si désastreuse en fin avril et au
commencement de mai, c'est-à-dire au moment du bourgeonne-
ment, est absolument nulle ; les gelées malencontreuses se pro-
duisant à cette période de l'année, sont dues uniquement au
rayonnement nocturne terrestre, phénomène ignoré de la plupart
des paysans : il y a simplement coïncidence

norme miche de pain sans y avoir exquissé au-dessus, avec la lame du couleau, une croix. En certains endroits, sur le conseil des parents, on voit les enfants cacher précisément dans le trou d'un mur les jeunes dents de lait tombant avec la croissance ; il serait imprudent de les perdre, car elles manqueraient à l'heure du jugement dernier et dam ! le ratelier complet sera peut-être de rigueur ce jour là. Sorte de souvenir des anciens rites funéraires et, de nos jours, ne voit on pas les eunuques demander à être ensevelis avec les « précieuses » Jont on les dépossède à l'âge nubile. Ailleurs on vous soutiendra énergiquement que les personnes ayant le malheur de boire le vin d'une cuve dans laquelle est tombée une salamandre, seront tôt ou tard atteintes soit d'idiotie, soit d'une incontinence d'urine ! Innocente salamandre dont l'haleine est si redoutée ainsi qu'on le verra plus loin.

En été, quand la récolte est prête et que l'orage menace, on sonne la cloche pour éloigner les sombres nuages qui apportent avec la grêle la misère — et cependant, je crois avoir lu que l'ébranlement de l'air causé par les vibrations de la cloche peut produire l'effet oppo-é à celui qu'on désire — ou on tire sur ces mêmes nuages un coup de fusil chargé avec une balle bénie (1).

_____

(1) Dans un document de 1619 (*Archives départementales*, G. *1074*), on lit que le sonneur de cloches devait coucher pendant l'été dans le clocher de la cathédrale de Mende « pour sonner lors des orages ». — Sur la fameuse cloche brisée par Merle, après la prise de Mende, en 1579, on lisait au milieu de l'inscription qu'elle portait :

Mais le préjugé peut-être le plus ancré et celui sur lequel je n'ai malheureusement pu avoir que de très vagues renseignements, est celui de la *bête* qui hante certaines bonnes maisons de nos campagnes. Lorsqu'on voyait une famille prospérer rapidement sans cause apparente, quelque malin inventa la *bête* et sa pièce d'argent ou d'or quotidienne pour expliquer cette prospérité rapide. La bête était le plus souvent un chat : la maîtresse du logis était chargée de faire sa toilette, de la peigner (sic) tous les matins. La bête — le diable peut être — ne mourrait pas et resté attachée aux murs a perpétuité ; mais chaque matin, après son départ, on trouvait une pièce laissée par l'étrange et reconnaissant animal (1).

Un de mes amis m'a même affirmé, qu'il y a quelques

Je espars tounerés et tempetes et grelles
Foudre aussi de l'air je fais débattre...
(Bull Soc. Agricult. 1891. — Doc. Hist. p. 223 et 225).
Voici, à ce sujet, ce qu'écrivait *J.-B. Thiers*, dans son *Traitez des Cloches* : (Paris, chez Jean de Nully, 1721).

« On sonne les cloches pour dissiper les tonnerres, les foudres, les tempetes, les orages, les ouragans et les vents impétueux [p. 753]. .

Le son d'icelles fend l'air et chasse les nües, départissant les tonnerres et résistant aux tempètes ; parce que par la force et promptitude de tels sons, les nües tempestueux viennent à fendre et séparer [p. 757].....

Que si le son des cloches ne dissipe pas toujours les orages, les tempètes et les tonnerres et n'empêche pas toujours qu'ils ne tombent sur les personnes mêmes qui les sonnent dans les églises et dans les clochers, comme l'on sçait que cela est arrivé en bien des lieux, c'est que Dieu n'exauce pas toujours les prières des fideles [p. 162] ....

(1) Il m'est arrivé maintes fois d'entendre dire, sur le Causse : « Cette jeune fille ferait un beau mariage, mais il y a la bete. » Mme E. Comte N'y aurait-il pas là une allusion à la situation.... embarrassée ou embarrassante de la jeune personne ?

années, dans une commune voisine de Marvejols, la « bête » aurait été la cause d'un divorce.

Il serait assurément curieux de connaître le jugement rendu en pareille circonstance.

Peut-être cette croyance générale à la superstition explique t-elle en partie un trait secondaire du caractère lozérien, la méfiance.

Le paysan est querelleur et batailleur. — Si les tribunaux n'existaient pas depuis déjà longtemps, il aurait fallu en instituer pour notre pays. Le campagnard, de son naturel calme et doux — même pour ses bêtes qu'il brutalise rarement — possède à un haut degré l'amour des procès.

« Cet état d'esprit, les hommes d'affaires ne savent que trop bien l'entretenir et le développer. Un rien, une borne déplacée, une brebis qui aura d'un pré tondu la largeur de sa langue, donneront prétexte à des procès interminables et dispendieux ».

Et si encore la décision du juge mettait d'accord les parties ! mais on sort de la salle d'audience comme on y était entré, et la querelle continue au dehors : de là des haines de voisin à voisin, de famille à famille et même de village à village.

« Dans quelques cantons, les jeunes gens ne sont que trop enclins, les dimanches et jours de foire, aux disputes et aux rixes qui prennent parfois la proportion de véritables batailles. Il est bien rare, malgré les sévères exemples donnés par la justice, qu'une année se passe sans mort d'homme, occasionnée par des coups de bâton ou de couteau » (1).

---

(1) André. — Guide du touriste en Lozère, — Guerrier, édit.

Le cabaret et la politique aux périodes d'élection seulement, voilà les deux principales causes de disputes entre jeunes gens. Les procès d'affaires sont le monopole des vieux. Mais n'oublions pas que les femmes ont à un degré supérieur l'instinct querelleur et que leur intervention sert surtout à embrouiller les affaires : ce sont de bien mauvaises conseillères.

Le paysan est routinier. — C'est bien là un des traits les plus accusés du caractère lozérien. Les traditions se perpétuent d'âge en âge, presque sans changer, ainsi qu'une foule de coutumes et d'usages populaires chez nous vont le faire voir.

Pour cultiver son champ, le campagnard emploie les méthodes léguées par ses aïeux et apprises à l'école paternelle : les progrès faits en agriculture ne le tentent guère et, s'il essaie les cultures nouvelles et emploie les engrais aujourd'hui en vogue, ce n'est qu'après de longues réflexions et de judicieuses observations. La charrue — son instrument de labour — est restée l'antique *araire* des Romains, comme l'*agulhado*, l'*ascia*, la *houe* ; le soc qui ouvre le sillon, écarte chaque printemps les mêmes blocs de pierre — car le paysan ne déplacerait jamais un caillou de son champ — entre lesquels poussent éternellement les mêmes céréales. L'indigène qui aime à amasser est un imprévoyant : il songe peu à ceux qui viendront après lui. Quel est celui qui planterait des arbres autour de son champ ou dans sa prairie, grefferait de belles espèces de fruits et repeuplerait les forêts qu'il déboise ? Et cependant l'exemple de ceux qui l'ont précédé devrait lui faire comprendre : mais planter, c'est gaspiller et son temps et son argent.

Cependant, depuis quelque temps, plusieurs améliorations se sont introduites dans les campagnes ; grâce à d'intelligents propriétaires à l'affût du progrès et partisans des méthodes nouvelles, des essais ont été faits et, l'exemple en a été répandu. L'influence des Sociétés et Comices agricoles, des Concours d'animaux et de fruits, des Cours d'agriculture est indéniable ; les rapports plus faciles avec l'extérieur — grâce au chemin de fer — a permis d'étudier les modes de culture de nos voisins et nos agriculteurs semblent maintenant aller de l'avant : il y a encore beaucoup à faire, mais l'élan paraît donné.

Le costume même de nos ruraux est une preuve de la facilité avec laquelle se transmettent les vieux usages. Le lfameux pantalon à « *pont-levis* », la *matelote*, les guêtres, es sabots ferrés, les caracos informes des femmes, tendent lentement à se transformer, et Dieu sait, cependant, si les modes nouvelles sont vites acceptées.

Une foule d'ustensiles de ménage ou d'instruments de travail dont la forme n'a pour ainsi dire pas varié, attestent la persistance des habitudes reçues, malgré les progrès de l'industrie moderne. Quel que soit le bon marché des appareils d'éclairage, des huiles, essences et pétroles, dans quelques maisons, la torche et la résine servent encore à éclairer la vaste pièce où se tient toute la famille. Ailleurs, c'est le *caguel* ou *calel* — le *chaleu* des Auvergnats — où l'on puise l'huile nécessaire pour graisser les outils et pour lequel on utilise les huiles rances ou l'huile de noix devenue impropre à la consommation, lorsque le pot tire à sa fin.

Un long morceau de bois creusé — *lou buffadou* — un tube de fer, le canon d'un vieux fusil servent à souffler le feu ; les pincettes et la pelle — la *risplo* — sont lourdes et forgées grossièrement : sur un tronc d'arbre — *lou souc* — le *ferrat* de cuisine enjolivé contient l'eau propre qu'on puise à l'aide de la *bassine*, servant de verre commun. Dans la vaste cheminée grince la potence à laquelle on suspend les chaudrons ventrus et, tout proche, s'ouvre le four, chauffé deux fois par mois, et dont on forme l'entrée au moyen d'une large dalle mastiquée sur ses bords avec de la bouse de vache.

L'art culinaire des ménagères n'a pas subi de grandes modifications : les mets peu variés, parfois même peu hygiéniques, ne paraissent pas fatiguer l'estomac de nos ruraux, mais étonnent l'étranger par leur composition rudimentaire. La fabrication des fromages, beurres, crêmes est restée ce qu'elle était il y a longtemps, c'est-à-dire défectueuse, et cependant le lait est de toute première qualité chez nous : peut-être l'exemple des fermes écoles et des fromageries crées dernièrement sera t il un stimulant pour les femmes auxquelles les manipulations du lait sont exclusivement dévolues. Ce serait à souhaiter.

Pendant les longues journées d'hiver, quand tout travail au dehors est arrêté, le paysan fabrique ses instruments, chars, fourches, charrues, herses, jougs, rateaux, paniers, tous simples et primitifs ; l'été, quand les récoltes sont rentrées ou amassées en pignons, il n'a point recours aux machines modernes, dont le travail est rapide, il est vrai, mais qui occasionnent de trop gros frais. A l'époque de la dépiquaison, tous les gros quadrupèdes de la ferme foulent et piétinent la paille, toute une journée durant, pour en détacher le grain qui est ensuite trié au moyen du *ventairé* ; si le mauvais temps survient trop tôt, dans un coin de la grange, jeunes et vieux se substituent aux bêtes et battent le blé avec l'antique fléau.

On aurait mauvaise grâce à reprocher au campagnard cette routine dont il semble ne pas vouloir se départir : la nature même du sol sur lequel il vit l'exige pour ainsi dire ainsi. Un auteur compétent va se charger lui-même de nous en donner les raisons.

« On peut dire que pour le pasteur, la nature travaille plus que l'homme ; l'herbe des prairies naturelles se reproduit d'elle-même chaque année ; les animaux la broutent d'eux-mêmes et sur place ; ils la transforment d'eux-mêmes en lait et en viande. L'homme n'a guère à intervenir que pour recueillir le fruit que lui offre libéralement la nature. Et ce travail n'est ni compliqué, ni intensif : il n'exige ni un grand effort de bras, ni des connaissances supérieures, ni des méthodes progressives, ni un outillage perfectionné. L'art pastoral n'a guère varié, dans ses procédés, depuis l'époque des patriarches de la Bible, et il n'est pas susceptible de varier beaucoup dans l'avenir. Ce travail simple, traditionnel et improgressif, donne naissance aux populations les plus simples, les plus traditionnelles et les plus improgressives que l'on puisse observer, car le travail met son empreinte sur l'homme profondément ». (1).

Ce jugement s'applique aussi bien au Montagnard qu'au Caussenard : passons maintenant au Cévenol, pour qui « la châtaigne est un produit de premier ordre ; elle joue le role d'une céréale ; elle remplace le pain — elle alimente bêtes et gens — Et c'est un pain qu'on obtient sans culture, qui ne nécessite ni labours ni semailles, ni fauchage, ni battage... Le seul travail consiste à recueillir le fruit. C'est un point de ressemblance avec l'herbe, dont la croissance ne requiert du pasteur

---

(1) Ed. Demolins. Les Français d'aujourd'hui, page 2.

aucun soin préparatoire. Par conséquent, l'exploitation du châ-
taigner ne développe pas plus que celle de l'herbe l'effort et
l'initiative. » (1)

Et si nous voulons aller jusqu'au bout, c'est-à-dire,
considérer le petit vigneron propriétaire, tel qu'on le
rencontre dans toutes nos Cévennes et dans nos vallées
les plus chaudes, voici ce qu'en dit le même auteur :

« La culture de la vigne est restée en dehors des progrès
(perfectionnement des méthodes de culture et des instruments
de ferme), parce que, de sa nature, elle est essentiellement un
travail à la main. Le vigneron se trouve ainsi détourné de toute
tendance ou perfectionnement des méthodes ; il est porté à s'en
tenir à la méthode traditionnelle et, en somme, cette routine
lui suffit à peu près ». (2)

-----

(1) Ibid. pag. 83 et 84.
(2) Ibid. pag. 129.

Vie et coutumes du paysan

M. Edmond Demolins, dans une étude sociale fort intéressante qu'il vient de faire paraître (1), consacre quelques pages à la population de nos campagnes.

Après avoir affirmé que la « vie est misérable chez
nous », il se contente de citer, à titre d'argument, les
deux passages suivants :

« La population est affamée, étiolée ; elle perd en nombre et
surtout en valeur physique ». Le Play. — Ouvriers des deux
Mondes II. page 354.

« On ne boit guère que de l'eau. L'alimentation pas assez re-
paratrice, entraîne des conséquences fâcheuses : les paysans
résistent moins qu'autrefois à une maladie prolongée ; une sai-
gnée suffit à les abattre. Les habitations sont tout-à-fait malpropres ; la cuisine, qui est la pièce où se réunit la famille et qui
sert à tout, est attenante à l'étable et en a toutes les odeurs ;
elle est presque toujours noire de fumée, encombrée d'outils, de
sacs et d'ustensiles de toutes sortes ; elle ne reçoit le jour, et le

---

(1) *Les Français d'aujourd'hui.* — Firmin-Didot. Edit. 1898.
pages 47 et 48.

soleil que par des ouvertures très petites (il est même rare qu'il y en ait plusieurs) ; le sol point ou mal pavé, s'imbibe des débris de la laiterie et de la cuisine et exhale une odeur écœurante. Aussi les épidémies font-elles parfois de cruels ravages, malgré la pureté de l'air et la rigueur du climat. En général, les rares familles qui arrivent à faire quelques économies ne le doivent qu'à une excessive sobriété et à l'âpreté avec laquelle le paysan garde le moindre sou acquis ».

BAUDRILLART. — Les populations agricoles de la France.
2ᵉ Série, pag. 492 et 93.

Il est regrettable que M. Demolins n'ait pas cherché à contrôler les jugements qu'il cite : les deux auteurs dont il reproduit les opinions ont de beaucoup exagéré et généralisé les quelques renseignements plus ou moins erronnés qu'ils ont pu se procurer sur notre région. Leur appréciation est sévère et, tout en étudiant la vie du paysan, j'espère rétablir les choses au point, sans toutefois réfuter complétement l'opinion de ces trois écrivains.

La vie du paysan lozérien est une suite d'efforts et de luttes, et les socialistes avancés d'aujourd'hui qui comparent l'existence des ouvriers des villes à celle de nos travailleurs ruraux ignorent absolument l'abîme qui les sépare. Le travail quotidien de l'ouvrier ne saurait se comparer à celui du paysan qui est un travail intermittant : toute la besogne survient en même temps, à l'époque des semailles et des labours, puis à celle de la récolte. Mais alors, la fatigue corporelle exige plus de soins dans la manière de vivre du campagnard ; l'eau qu'il buvait en hiver ou aux périodes de repos fait place au vin — du mauvais, dira-t-on — et la nourriture est plus abondante et plus substantielle.

Ces changements brusques de régime ne nuisent en rien à la valeur physique de l'individu ; le travail peut le briser et le déformer quelque temps, mais sa constitution ne varie guère. Et je ne sache pas que les statistiques les plus récentes lui soient défavorables ; nos campagnes comptent des gars solides et des filles robustes, et, si l'on veut encore trouver des vieillards, c'est là qu'il faut aller les chercher et non dans nos villes.

D'ailleurs, le paysan ne se fatigue pas de la monotonie de son régime alimentaire : les écuellées de soupe aux choux et, de temps à autre, un morceau de lard ou de fromage, du caillé et des pommes de terre, lui suffisent. Quel est celui qui mangerait un œuf pondu par ses poules ? Si les jours de foire, il goûte avec plaisir à la cuisine des auberges ou des hôtels, il retrouve avec non moins de plaisir la soupe où la prévoyante ménagère mêle de temps en temps quelques tasses d'excellent lait.

Quant à la malpropreté relative de son intérieur, on se l'explique assez facilement. Dans la vaste pièce — au rez-de chaussée généralement — qui sert à tout, si l'ordre règne, d'ordinaire la propreté fait en partie défaut. La fumée noircit rapidement murs et plafonds ; le sol, pavé de larges dalles est constamment souillé par le va et vient des gens de la ferme dont les sabots apportent la terre des champs et le fumier des écuries ; les enfants — toujours nombreux — qui grouillent autour de la maîtresse du logis fournissent leur contingent d'ordures, sans compter les poules et cochons venant picorer et fureter dès que la porte reste entrebaillée ; leur visite, quoique rapide, exige toujours un coup de balai. Malgré l'atmosphère de l'appartement — bien pénible les jours humides, grands et petits ne s'en portent pas plus mal. Les draps sont propres dans les lits   sortes d'armoires adossées au

mur, sous l'escalier raide qui accède au premier — ainsi
que dans les berceaux (et ici, il y aurait lieu d'ouvrir une
parei thèse à propos de la promiscuité choquante dans
laquelle vivent le mari, la femme, les enfants, les vieux
et les jeunes ménages ; la voilà bien la vie de famille, au
vrai sens du mot) ; les chaudrons de cuivre poli reflètent
la flamme qui vacille dans l'âtre ; dans les étagères s'éta-
lent les vieilles assiettes de porcelaine, entremêlées de
cuillers et fourchettes, le tout enfoui dans de la verdure
et des guirlandes. Quelques gravures découpées dans des
journaux illustrés ou des images de piété, transformées
en bizarres mosaïques par les mouches, décorent les murs
auxquels sont appendus tout le vestiaire de la maison, la
vessie du cochon et l'estomac de veau enfermant la pré-
sure, la longue table mobile qui s'abaisse à l'heure des
repas et se relève ensuite, laissant ainsi place aux libres
mouvements des uns et des autres.

Point de luxe mais l'indispensable seulement : c'est par
là que le paysan arrive à réaliser de petites économies.
Ses privations sont plus nombreuses que ses joies. Le dimanche est un jour de repos et de fête, car il peut aller,
après les cérémonies religieuses qu'il n'aurait garde de
manquer, à l'auberge ou au cabaret. Là se discutent les
questions politiques qui, cependant, le passionnent peu ;
le temps manque pour lire le journal, peu intéressant
pour lui d'ailleurs, et inconnu dans certains hameaux. On
cause affaires, bêtes, marchés, de la pluie et du beau temps ;
on entame les interminables parties de manille, pendant
que les jeunes jouent au jeu de quilles installé sur la
place ou sur la route qui forme la principale rue du village.
Mais les véritables jours de fête du paysan sont les jours

de foire : c'est alors une vraie fête de famille. Si l'on est
proche de la ville, on part à pied après avoir revêtu les
beaux habits du dimanche : hommes, femmes, enfants,
chargés de provisions de bouche ou de produits à vendre,
gagnent tranquillement la ville poussant devant eux le
bétail sur lequel on espère gagner quelqu'argent. Si l'on
est trop éloigné, on attèle la jardinière sur laquelle s'en-
tasse toute la maisonnée : seule, la jument qui tire la
carriole, n'est pas de la fête. Le voyage est un perpétuel
cahot et à l'arrivée ce sont des spectres couverts de pous-
sière ou de boue qui mettent pied à terre. Parfois, les
couples arrivent huchés sur la même monture, à moins
que, galant, le cavalier ne conduise par la bride l'énorme
bête sur laquelle est affaissée, au milieu de sacs, de paniers et de bottes de foin, Madame son épouse.

Alors commencent sur place les nonchalantes déambu-
lations des « foireux ». Les femmes et les enfants vont aux
baraques et aux marchands ambulants acheter des bibe-
lots, des rubans, des étoffes bon marché et de couleur
criarde, des ustensiles de ménage, un souvenir pour les
vieux laissés à la maison, des jouets pour les tout-petits.
Les hommes vont à leurs affaires : vendeurs et acheteurs
se faufilent à travers les groupes et le bétail pour écouter
le cours du jour, car il fait bon être fixé à l'avance afin
de traiter avantageusement. Le marché commence et les
discussions vont leur train : pour s'entendre, on prend
un voisin, expert improvisé — un compère souvent —
qui est chargé de fixer le prix ; et, après de violentes ef-
fusions de mains — *la pascho* — réitérées nombre de fois,
on va conclure l'affaire à la buvette où reste le plus clair
des bénéfices.

Mais le soir rassemble vite les uns et les autres : le retour est plus ou moins gai, suivant que la journée a été
fructueuse ou non. Seuls, quelques retardataires invété-
rés s'oublient à l'auberge ou au cabaret ; là, au son de
quelque cabrette ou d'une vielle grinçant une mono-
tone et criarde mélodie, les jeunes dansent quelque bourrée locale dont ils scandent le rythme, en martelant le
plancher de violents coups de talons, entrecoupés de cris
stridents et sauvages et de claquements de mains.

Ce n'est pas un spectacle banal que celui de nos foires :
les femmes arrivant au marché avec leurs larges paniers
sur la tête et aux bras, jupes retroussées et le caraco à
l'envers ; les chars. apportant le produit du sol, traînés
d'un pas tranquille et lent par les bœufs que précède un
jeune garçon, en blouse bleue, pantalon de bure gros-
sière, sabots ferrés avec guêtres d'où s'échappent des
brins de paille, et l'aiguillon sur l'épaule ; les bouviers
chargés d'amener le bétail à vendre et excitant les chiens ;
puis c'est l'essayage en public des chapeaux et des sabots,
la poursuite des bêtes qui s'échappent et vont se mêler
aux groupes voisins, la toilette et le *langueyage* des
porcs (1) qui grognent de façon assourdissante ; paysans

_____

(1) En se transportant vers le secteur des places et boulevards
où sont parqués les animaux chers à Monselet, « les habillés de
soie », on y entend la cacophonie la plus bruyante : ce sont les
cris déchirants poussés par les porcs qu'examinent les *langueyeurs* afin de voir s'ils ne sont point *ladres*. On sait en quoi
consiste le travail de ces professionnels, autrefois officiers du
roi, appelés « *jurés langueyeurs ou jurés inspecteurs des porcs* ».
(Voir CHÉRUEL. Dict. des Institut. DELAMARE. Traité de la police,

et paysannes transportant dans leurs bras de jeunes
agneaux ou des porcs peu dociles ; les longues stations
devant les baraques des pitres — où l'on entre rarement
— et les voitures ti tammaresques des charlatans. —
Enfin, le retour, toujours ennuyeux dirait on, à voir la
mine de ces gens qui s'échelonnent sur la grande route,
quand l'ombre commence à gagner la terre ; seuls, les
grelots des chevaux animent cette fin du jour où les longs
bêlements des brebis fatiguées et le morne beuglement
des bœufs et des veaux morts de faim jettent leur note de
tristesse. De loin en loin une lumière vacille, projetant
sur le sol des ombres fantastiques ; c'est une lanterne
improvisée, confectionnée à l'aide d'une bougie plantée
dans un cornet de papier huilé ou non, et que tient le
conducteur ou son voisin assoupi. La foire et la fête sont
terminées.

En dehors des dimanches et des foires, il est d'autres
jours de distractions pour le paysan ; je ne parle pas des
jours de marchés hebdomadaires qui sont un prétexte
pour venir à « la ville », même quand on n'a rien a y
faire, mais des fêtes patronales de village, fêtes votives —

---

etc.). Après avoir couché l'animal sur le côté et le maintenant
avec un genou ainsi renversé, ils lui ouvrent largement la
gueule à l'aide d'un bâton : puis ils pincent fortement et attirent
au dehors la langue, avec une main qu'ils enveloppent d'un
chiffon de laine pour empêcher tout glissement et regardent si
elle ne présente pas de petits boutons, signe quelquefois absent
dans le cas de ladrerie. Si l'animal est supposé malsain, le prix
diffère et l'achat peut en être annulé.

rainages, bottes, etc., les noms varient d'un endroit à un autre. — Il convient de remarquer que ces fêtes ont gé-néralement lieu un dimanche, de façon à ne point inter-rompre les travaux des champs. Quelques jeux et de fréquentes visites aux buvettes, tel est le bilan de ces journées. Mais à cette occasion, le campagnard s'offre le luxe d'acheter le gâteau — si on peut lui donner ce nom- — qui ne se fabrique qu'une fois l'an, dans le lieu et dans cette joyeuse circonstance : le nom en change avec cha-que localité, *panet, fougasse, flono, flouzouno,* etc., sortes de brioches ou de tartes grossières, lourdes et indiges-tes au premier chef. Ce jour là, on danse partout : il n'est pas jusqu'aux modernes confettis qui n'aient fait leur ap-parition dans nos hameaux lozériens.

Emigration lozérienne

Puisque le sol de notre pays a peine à nourrir ses habi-tants, ceux-ci, en partie, doivent aller chercher au dehors les moyens de vivre dans de toutes autres conditions. L'émigration est un fait incontestable : mais elle ne saurait être une cause de dépopulation pour nos campagnes. Nous sommes trop voisins des Auvergnats pour ne pas leur ressembler par quelque endroit : le paysan lozérien émigre assez volontiers, mais avec l'*idée de revenir* un jour ou l'autre ; la nostalgie le ramène souvent à son village.

M. Ed. Demolins, plusieurs fois cité, parlant de notre émigration, la qualifie d' « Inférieure » et s'exprime ainsi ;

« Ou bien l'émigration se dirige vers les régions voisines, et elle manifeste bien le caractère profondément communautaire. Elle a lieu pour peu 'de temps, car on est attaché au pays, et par groupes de famille, car on redoute de se séparer des siens. « La population de la Lozère n'émigre pas ; elle s'épanche périodiquement à jours fixes, par familles entières, sans distinction de sexe. On part le dimanche, après la messe, avec la bénédiction du curé, en emportant pour tout bagage, un peu de linge, une faucille, un fléau. On va à la foire voisine ; on se loue par familles entières en nombre suffisant ponr faire un travail donné dans un délai fixé, et chacun se trouve content s'il rapporte 20 ou 30 francs au logis. » (*Ouvriers des deux Mondes. II. p. 351*). Les émigrants qui vont plus loin restent également dans des situations inférieures et subordonnées, dans les métiers qui n'exigent ni capitaux, ni initiative. Marseille, Nimes, Montpellier attirent les femmes de la Lozère, qui s'y placent comme servantes. Un certain nombre d'hommes vont à Paris, où ils font fonction d'hommes de peine, de frotteurs, de commissionnaires. Enfin, les centres houillers de St-Aubin et de Decazeville, dans l'Aveyron, reçoivent un bon nombre de ces montagnards, qui sont bien préparés à ces travaux tres subordonnés. » (1)

---

(1) Loc. cit. — pag. 50 et 51.

Ces observations sont en majeure partie exactes, et, ce que je disais plus haut de la division de notre sol et des types ruraux, trouve ici son application. Notre département reçoit peu ou point d'émigrants étrangers, de même qu'il n'est arrosé par aucun cours d'eau voisin ; de plus, les émigrants lozériens se différencient, comme nos trois versants, en trois classes, dont la diffusion semble bien correspondre à l'orientation des trois grands fleuves dont nos rivières sont les tributaires.

Le service militaire obligatoire est devenu une nouvelle cause d'émigration. Beaucoup de jeunes soldats, une fois libérés, hésitent à reprendre les durs labeurs des champs ; l'instruction reçue à la caserne et leur contact avec l'étranger plus civilisé modifient un peu leur caractère. Ils préfèrent se placer dans les villes où le travail est plus rémunérateur, moins pénible, et où enfin les relations et les distractions sont plus faciles et plus nombreuses. C'est l'appât du salaire qui attire et retient au dehors nos campagnards. Il convient d'ajouter que l'instruction plus répandue crée une foule de déclassés et de candidats à la recherche d'une situation quelconque et n'importe où.

Ceux qui une fois établis, mariés ont la bonne chance d'amasser quelques économies en épargnant chaque jour et vivant sobrement, n'attendent plus que l'heure rêvée de revenir au pays, revoir la famille, le village, acheter une maison où ils finissent leurs jours dans une modeste aisance, fiers de cette nouvelle existence qui leur vaut la considération et l'amitié de tous leurs compatriotes. Et cette idée de retour est si prononcée chez nos ruraux, que même presque chaque année, ils s'octroient quelques vacances pour venir, pendant la belle saison, respirer l'air du pays. C'est ainsi qu'arrivent chaque été sur nos montagnes, à Aubrac, par exemple, des bandes de *Parisiens*, ainsi qu'on les appelle — charbonniers, frotteurs, marchands de vin enrichis — venus pour faire les prétendues cures de petit lait.

Au dehors, nos émigrants aiment à se retrouver entre eux : ils vivent en bonne intelligence et paraissent ignorer les mesquines jalousies de métier. Les dimanches soir, ont lieu, dans l'arrière boutique, des réunions entre congénères : on parle des absents, des affaires et du pays dont on mange les produits, fruits, lard, saucissons, etc. La soirée ne s'achève pas sans quelque bourrée montagnarde dansée au son de la cabrette.

Usages et traditions populaires

Au cours de cette étude, il a été fait mention en plusieurs points, des vieux usages encore établis chez nous ; la tradition populaire en a conservé une foule d'autres et je crois bon d'en citer quelques uns.

Le Jeudi Saint a lieu la célèbre *Promenade des bœufs gras* ; promenade qui se termine à l'abattoir. Majestueux, les bœufs défilent seuls ou accouplés, ceints d'écharpes tricolores — où le patriotisme va t-il se nicher ! — la tête empanachée d'une quenouille de laurier ou de genevrier où foisonnent les rubans ; plus modestes, les moutons se contentent d'un bout de ruban noué ou d'une fleur artificielle piquée dans la toison ; c'est dans cet apparât grotesque que grands et petits attendent le stylet de l'égorgeur.

Le lundi de Pâques, on se rend en famille à la campagne, et là, sur l'herbe on fait *sauter les œufs*, des œufs durs, diversement colorés ; c'est un prétexte à promenade et à de nombreuses stations aux guinguettes, car l'œuf dur fait boire.

Le jour de l'Ascension, on mange également sur l'herbe les *panets* et *fougasses* déjà mentionnés ; aux Rameaux, tous les enfants parés de leurs plus beaux habits, vont faire bénir à l'église de la paroisse, une branche, — laurier, buis, genevrier — lourde de friandises, oranges, biscuits, bonshommes en pâte, attachées avec des faveurs de toutes nuances.

A la Saint Jean, on allume encore dans quelques endroits des feux de joie, autour desquels, villageois et villageoises viennent chanter et danser en rond.

Dans les hameaux principalement, aux portes des écuries ou des granges, les paysans clouent dans je ne sais quel but (1), un artichaut sauvage — cardon à foulon ou

_____

(1) En guise de baromètre, parait-il.

chardouille — ou encore un oiseau de proie, — épervier, émerillon — terreur des basse-cours.

Au-dessus de l'entrée des auberges de villages pend la branche de genevrier ou de pin, enseigne de la maison (1).

Devant la demeure des autorités locales, élues par le suffrage populaire, on plante des mais parés de drapeaux, de couronnes et d'inscriptions, et on les abandonne ainsi des années jusqu'a ce qu'ils menacent la sécurité des passants. Leur abondance est parfois telle, qu'un facétieux chroniqueur arrivant dans un de nos villages lozériens eut l'illusion d'un port de mer, tant était prodigieux le nombre des mats qui dépassaient le faîte des maisons.

Lorsque quelques personnes ont réussi à capturer un renard qui dévastait les poulaillers du village, elles promènent l'animal de maison en maison, en quêtant des œufs : c'est une aumône de reconnaissance donnée par chaque habitant victime des rapts du fé'in.

A la ville comme à la campagne, les ouvriers hissent au sommet de la maison terminée, un pin avec des drapeaux, ou bien plantent également un mât surmonté d'une bouteille vide : une façon banale de faire comprendre au propriétaire du nouvel immeuble qu'il doit remercier ses serviteurs en leur payant les frais d'un gueuleton à l'auberge voisine.

Dans quelques maisons, on rencontre les anciens rouets servant à filer la laine : c'est le passe temps des vieilles.

---

(1) Le nom des vieilles *hôtelleries* s'est transmis jusqu'à nous: sans sortir de Mende, je citerai : *L'Auberge des trois Mulets ; A la Renommée des Grisolles ; Auberges de la Caille et de l'Orange;* enfin ceci : *X... Aubergiste, loge à pied et à cheval.*

Bien rare de nos jours — et même un peu raillée —
La fileuse à la quenouillée
Que nous avons connue, enfants, à la veillée .

F. Fabié.

Cette laine me remet en mémoire un préjugé commun à beaucoup de nos paysans . Quand ils viennent à la ville, porter la laine de leurs troupeaux, aux tisserands chargés de la transformer en pièces, ils recommandent que leur laine seule soit utilisée pour cela faire ; ils ont une opinion arrêtée sur sa qualité supérieure et ne voudraient point de celle du voisin. Il est vrai que la laine une fois tissée, ils ne voient goutte à la substitution et dans l'étoffe que leur rend le tisseur, plus malin qu'eux, les femmes taillent consciencieusement le vestiaire presque inusable de toute la maisonnée.

En quelques rares endroits, les charretiers et marchands de vin, se servent encore, pour transporter ce liquide, d'outres en peau de bique, fort commodes pour faire cette fraude que l'acheteur, dupe inconsciente, facilite si bêtement toutes les fois qu'il s'agit de frustrer l'Etat d'un modeste prélèvement.

Les femmes qui ont le monopole de *chaponner* les volailles feraient gémir nos praticiens modernes, s'ils voyaient les instruments avec lesquels elles opèrent si habilement: vieux ciseaux ou vieux couteaux, pareils à des scies, peu leur importe. Leurs insuccès sont cependant rares ; les quelques savants qui ont cherché à les imiter en opérant proprement et scientifiquement, n'ont pas eu, que je sache, de brillants résultats.

Dans nos villages, les figaros modernes ignorent encore l'usage du blaireau ; leur main calleuse en fait office, tandis que le client tient sous son menton l'antique plat à barbe, au fond duquel un morceau de savon de Marseille mijote dans le liquide trouble et écumeux qui sert à barbouiller tous les clients. Et les rasoirs donc ! l'épiderme de nos ruraux ne paraît pas en souffrir.

Enfin, je n'oublierai pas de mentionner un objet, dont l'usage improvisé est toujours fort répandu : la vessie de cochon fixée autour d'une canule en sureau, remplaçant la légendaire seringue immortalisée par Molière ; mais chez nous, elle est à double fin, car elle sert a l'homme et à ses bêtes.

*
* *

Quelques cérémonies ont gardé à la campagne un caractère original. C'est ainsi que les formalités du mariage y sont d'une simplicité étonnante. Le maire unit les conjoints chez eux, sans les phrases traditionnelles et sans qu'il soit nécessaire de passer par la maison commune ; le curé et lui sont deux hôtes de rigueur.

Aux offices funèbres, l'offrande ne se compose pas toujours de menues pièces de monnaie : en certains endroits, les fidèles donnent de petits cierges de cire jaune, cierges que par économie on éteint et allume sans cesse et dont le seul privilège est d'infecter par leur fumée âcre tous les assistants. Au décès d'un propriétaire ou d'un riche fermier, les domestiques apportent en offrande du pain et du vin destinés au curé de la paroisse. La cérémonie terminée, un festin réunit à la maison du défunt, parents, proches et invités (1).

_____

(1) Je cite, en passant, certaine coutume suivie encore

Le tirage au sort et le conseil de révision méritent aussi une mention. Ces jours-là, les jeunes sont en liesse. Leur gaieté apparente est un peu contrainte — sauf pour les privilégiés qui ont tiré les bons numéros et pour les réformés — mais la fête leur fait vite oublier le moment si appréhendé du départ. Proprement habillés, les chapeaux et les habits parés de flots de rubans multicolores (conservés pour la promise), ils parcourent les rues, bras-dessus, bras dessous, hurlant plutôt qu'ils ne chantent des bribes de refrains populaires ou des airs patois, criant et gesticulant comme des sauvages en esquissant un pas de danse de moins en moins régulier ; précédés d'un

---

de nos jours par les petits-fils des Camisards et mention- née dans l'*Intermédiaire des Chercheurs et Curieux* (N° du 30 avril 1897):

« Dans les Cévennes, les protestants habitant a la campagne se font tous enter- rer dans leurs terres, au milieu d'un jardin ou d'un champ. Aucune autorisation n'est exigée dans la pratique, il n'y a pas même d'avis donné a l'autorité On en- fonce seulement au ras du sol, ou à vingt-cinq centimètres de profondeur, deux pierres verticales, non taillées, l'une a la tête, l'autre aux pieds, pour marquer la place de la bière. C'est un souvenir des temps où les protestants n'avaient ni état civil ni cimetière et étaient ensevelis en cachette. Il n'y a des cimetières protes- tants que dans les villes et villages. Encore la plupart des familles qui ont des pro- priétés aux environs y font elles porter les corps de leurs membres défunts. On a même vu des catholiques imiter cet exemple· Seulement ils entourent le terrain d'un mur et le font bénir par un prêtre ».

L'auteur de cette notice a oublié de dire qu'on rencontrait à chaque instant de ces tombes isolées, le long des routes, dans les vallées ou sur les pentes, au milieu des sombres châtaigne- raies : généralement, quatre cyprès plantés aux quatre coins de la tombe et dressant vers le ciel leur verte quenouille fuselée, indiquent la place où quelque *iganaou* (ainsi qu'on désigne en patois, le protestant ou huguenot) dort son dernier sommeil.

tambour ou d'un clairon et du drapeau tricolore (que
brandit le plus petit de la bande ou l'infortuné posses-
seur du N° 1 sorti de l'urne), ils vont des auberges aux
buvettes, buvant sans soif, dansant et s'époumonnant
quand même, et, ce n'est que la fatigue jointe à la grise-
rie qui met fin à leurs ébats passagers.

Usages et traditions populaires

(Suite)

Dans un volume intitulé « le *Pays des Camisards)* (1),
M. JACQUES PORCHER parle de notre région et de ses habitants dans les mêmes termes que MM. Demolins, Le Play,
Mornet et autres. De son ouvrage où fourmillent les er-
reurs et des appréciations un peu hasardées, j'extrais pour
mémoire le passage suivant : il a trait à deux coutumes
populaires, et, le lecteur y verra de quelle manière l'auteur croit y esquisser le caractère lozérien.

(1) Hennuyer. — Edit. Paris. 1894.

« ... Le passé aimait plus la variété ; chaque cité avait ses habitudes et ses coutumes. A Mende, il y en avait de fort bizarres. Si un homme était connu pour sa faiblesse, si l'on savait que, chez lui, c'était la femme qui exerçait l'autorité, les voisins s'assemblaient, saisissaient le couple et organisaient à ses dépens une cérémonie grotesque ; on étendait de la paille devant sa maison : puis le mari, portant un sac sur le dos, devait tourner plusieurs fois comme un cheval de cirque, tandis que sa femme le suivait en frappant son sac à coups de bâton et criant : « Travaille ! » Tous les habitants du quartier formaient le cercle et criblaient les deux patients d'épigrammes (1).

Cette humiliation infligée aux Chrysales s'explique par le dédain que les Mendois éprouvent pour les femmes. Aujourd'hui encore ce sentiment est resté vivace dans le Gévaudan tout entier. Un paysan dit toujours : « J'ai trois enfants et deux filles ». Un autre, en apprenant la naissance d'une fille, disait au père : « Vous ne pouviez avoir moins ; c'est encore à recommencer ». Dans ce pays des Causses, où la terre, peu généreuse, ne donne ses fruits qu'au rude travail, le laboureur a besoin de fils pour l'aider à conduire la charrue, à briser les mottes avec la herse, à faucher le blé et le seigle. Les filles, bonnes seulement à garder les bêtes et à pétrir le fromage, il n'y tient guère. (Quelle exagération et de plus quel manque de galanterie !) De là le peu de

---

(1) Cette coutume singulière existait chez nous il y a peu de temps encore et ailleurs qu'à Mende, ainsi qu'en témoigne la communication suivante :

« Quand un mari se laissait battre par sa femme, un dimanche matin, les voisins jonchaient de paille hachée le sol depuis la porte de la maison du délinquant... ou de la délinquante jusqu'à l'église du lieu. Après la grand'messe, le plus proche voisin était tenu de monter sur un âne, à rebours, la figure tournée du côté de la queue de l'animal ; il devait, avec toutes les marques de la confusion et du repentir, faire le tour de la localité, poursuivi et hué par la populace, en répétant à haute voix : « Souí pas oici per mo faouto, mais per oqüélo dé moun bési ! » Il y avait quelques variantes a cette cérémonie cocasse appelée « la paillado », et aujourd'hui tombée en désuétude ; longtemps on s'est contenté de la traînée de paille. » Mᵐᵉ E. Comte. Voir aussi Cheruel. — Dict. des institutions. [mot Supplice].

cas qu'on fait de la femme (1). Même quand on semble avoir
pour elle une attention, c'est dans une pensée d'ironie (Oh !
M.Porcher). Une veuve se remarie-t-elle? Les jeunes gens vien
nent lui donner une sérénade. Mais leurs instruments sont des
casseroles, des chaudrons, des sonnettes et des sifflets : la sérénade n'est que le charivari ». (2)

---

(1) « ..... Chez la famille agricole, le culte de l'enfant corres-
pond au seul désir de procréer des serviteurs obéissants et gra-
tuits. A quatre ans, le bébé de la campagne garde les oies ; à
huit ans, il mène paître la vache ; à douze ans, la petite fille
devient sarcleuse ; à quatorze ans, le garçon sème et laboure.
L'autorité paternelle le gratifie de taloches au moindre signe de
paresse, tandis que le vrai domestique ne supporterait point cet
encouragement. Plus une famille rustique s'accroît, mieux elle
produit au bénéfice du père... » PAUL ADAM. — *Le Journal* N° du
28 janvier 1899. — Cette appréciation, plus juste que celle de
M. Porcher, n'est que la traduction developpée du dicton populaire dans nos campagnes :

Uno bouno ménatchieiro
Fai sa si bento la prémiero.

(2) Ces sortes de scènes grotesques se reproduisent de nos
jours à l'occasion de quelque mariage disproportionné ou bizarre ;
lorsqu'un imprudent vieillard — futur Sganarelle — épouse sa
servante de 40 ans plus jeune que lui, soit par *inclination*, soit
pour réparer quelque faute ; qu'une veuve convole en justes
noces avec un Benjamin dont elle pourrait facilement être la
mère ; ou que quelque malheureux, disgracié par la nature, demande à devenir le soutien officiel d'une orpheline ayant depuis
longtemps doublé le cap si redouté de la trentaine. Aussi, en
pareille circonstance, les futurs conjoints profitent-ils de la nuit
pour se rendre à la mairie et y prononcer devant M. le Maire
le « oui » sacramentel ; mais généralement, ils n'esquivent qu'à
grand peine le charivari et les lazzis de la foule.

Et cependant, le même auteur écrit plus loin :

« Quel que soit le jugement qu'on porte sur les Lozériens, on ne peut leur refuser de sérieuses qualités morales : une douceur de caractère qui n'exclut pas la fermeté, de la franchise, une grande force de travail, une honnêteté si scrupuleuse, que la cour d'assises n'a tenu, faute d'affaires, aucune session à Mende depuis le mois de juin 1890 »

La seule statistique où nous arrivions premiers.

*
* *

Puisque incidemment il vient d'être parlé du mariage, je crois bon de rapporter ici certains faits visant cette noble institution et pouvant se rattacher aux vieilles coutumes populaires.

Dans la classe bourgeoise et riche, il est d'usage, le jour du mariage, de dresser au devant de la porte de la maison où habite la jeune épousée, un arc de triomphe paré de verdure, de fleurs et de rubans multicolores. Sur le fronton de cet arc on place un cadre contenant quelques vers, sorte de placet à l'adresse des époux et dans lequel se résument tous les vœux de bonheur qu'on leur puisse adresser en pareille occasion. Parmi ces placets, il en est de curieux et de naïfs, rarement d'originaux ; généralement, la banalité du fond le dispute à la pauvreté des rimes. Il y aurait cependant un certain intérêt à conserver ces rimailleries sans prétention, œuvre de poètes improvisés et dont quelques uns sont de véritables clichés où il suffit seulement de changer quelques noms pour les utiliser plusieurs fois de suite. Je regrette que le cadre de ce travail ne me permette pas de citer quelques uns de

ces placets typiques, ne fut-ce qu'à l'usage des gens em-
barrassés.

Il est aussi de coutume, surtout dans le peuple et à la
campagne, quand défile le cortège de la noce, de jeter
aux gamins qui suivent, en curieux, des dragées et de la
menue monnaie. Les garçons d'honneur distribuent des
poignées de ces sucreries, d'une qualité douteuse et dont
ils ont bourré leurs poches : c'est une sorte d'aumône aux
petits, et il faut voir l'acharnement mis par les gosses des
deux sexes à s'arracher dragées ou petits sous.

Pendant les repas de noce campagnarde, un des garçons d'honneur est chargé de veiller à ce que personne
ne s'empare d'un des petits souliers de la jeune maîtresse
de céans. Si le gardien de ce précieux objet laisse par
mégarde quelque malin se faufiler sous la table — chose
facile, étant donnée la durée de ces orgies rustiques, durant lesquelles les trop copieuses libations noyent l'esprit
du plus grand nombre des convives — et chiper, avec la
complicité de la mariée, une des chaussures de cette dernière, il est tenu d'offrir, à son tour, à titre de réparation
et de punition, un dîner à ses amis.

En quelques endroits, on choisit la jarretière, de préférence au soulier.....

Enfin, une institution encore en vogue chez nous est
celle de la fameuse « *soupe au fromage* » servie aux jeunes mariés, le soir de leurs noces. Il est vrai que la plupart du temps ceux ci savent s'y soustraire par le classi-
que voyage de noces, ne fut-il que de vingt quatre heures. Voici en quoi consistait cet usage qui va se modifiant
de jour en jour. Les amis font une garde d'honneur aux
jeunes époux et ne les quittent pas de toute la journée de

crainte qu'ils ne leur échappent. Le soir venu, ils les ac
compagnent à la porte de la chambre nuptiale ; une fois
la mariée couchée, ils entrent de force à leur tour et n'a-
bandonnent la place que lorsque les patients ont avalé
uue cuillerée de la fameuse soupe. Elle consistait en tro-
gnons de choux et autres détritus, poivre, moutarde,
épices et tous les éléments hétéroclites possibles suivant
le plus ou moins d'imagination des garçons d'honneur.
Quand le fromage manquait, il était avantageusement
remplacé par de vieilles savates. De nos jours, on se contente d'offrir la goutte, ou bien une tasse de café, de thé,
mais toujours à une heure inopportune.

Cette soupe me remet en mémoire un préjugé fort
connu et en honneur chez nous. Dans une auberge et
quand il fait froid, offrez à un charretier ou à un conduc
teur de voitures, un bouillon et un verre de vin. Aussitôt,
votre invité de verser le vin dans son potage, sous prétexte
que le mélange — mixture de couleur peu alléchante —
fortifie et réchauffe énormément. Pour ces gens là, le résultat est tout différent suivant que le mariage entre le vin
et le bouillon se fait sous leurs yeux ou bien in vitro.
Dans les départements de l'Ouest, cette sorte de soupe
est désigné couramment sous le nom de *Chabrot*.

Les Rebouteurs[1]

On a souvent reproché à notre pauvre pays d'être en retard sur la civilisation. Un savant professeur, chimiste et médecin (2), a pu même conclure, d'après le nombre des crimes commis chez nous et reconnaissant pour cause le poison, que notre département était « le moins civilisé des départements français ». Oh ! ces statisticiens ! Chez nous, le labeur réclame tous les instants ; les gens de la campagne ont peu de temps à consacrer à leur instruction, mais ne sont pas cependant hostiles aux idées du progrès, puisqu'ils les acceptent — quoique lentement. — D'ailleurs, ils suppléent à ce qui, à notre vue, constitue chez eux un manque de culture, souvent inutile à leur genre de vie, par des qualités de race, d'origine ; ils naissent ma-

---

(1) La majeure partie de ce chapitre et du suivant a été publiée dans le *Bulletin de la Lozère Pittoresque* — Numéros de Novembre et Décembre 1898 - ainsi que quelques lecteurs pourront s'en apercevoir.

(2) HUGOUNENQ, *Traité des poisons*. Paris, Masson, 1891, p. 24.

lins et rusés, certains sont parfois d'une rouerie étonnante.
Ce qu'on peut leur reprocher, c'est d'être légèrement superstitieux, beaucoup trop routiniers et crédules. La thérapeutique et la médecine paysanne vont nous en fournir
la preuve.

On sait la vogue dont jouissent chez nous comme partout en France, les *rebouteurs*, *rhabilleurs*, *azégaïrés*, *pé-
tassaïrés*, charlatans et guérisseurs des deux sexes. Des
premiers, — j'y reviendrai longuement tout à l'hure —
je dirai qu'ils n'ont à mes yeux qu'un seul mérite ; celui
d'avoir fait et de faire encore, grâce au séjour chez nous
de malades plus ou moins imaginaires qui viennent de
fort loin les consulter, la fortune des villages qui ont l'in-
signe honneur de les posséder : leur prétendue science se
borne à des conseils ou à l'indication de traitements heureusement inoffensifs la plupart du temps, mais leur véritable talent consiste à savoir adroitement exploiter la naïveté des gogos qui remettent entre leurs mains le soin de
leurs précieuses santés.

Quant aux seconds, il suffit de parcourir les foires du
pays pour s'assurer de l'effet qu'ils produisent sur les ima-
ginations simples. Devant leurs mirifiques boniments faits
du haut de voitures ou de tréteaux et à grand renfort de
musiques assourdissantes, devant l'énumération toute fan-
taisiste de leurs drogues capables d'opérer les plus merveilleuses cures, les cordons des bourses se délient facilement : chacun tient à emporter chez lui une boîte de la
panacée ou une fiole du produit qui guérissent toutes
sortes de maux, curables ou non.

Ces *prêtres de l'erreur*, comme on s'est plu à les appeler justement, pullulent partout : ils jouissent du respect

des masses, entretenant leurs privilèges à la faveur d'apparences surnaturelles. Leur empire est tel et leur succès si certain, qu'on a vu de malheureux médecins se faire passer pour des empiriques.

Le campagnard est robuste et devient en général assez vieux parcequ'il se livre rarement à des excès. Mais il n'est pas toutefois à l'abri des plus petites infirmités. Les maladies de lenteur l'effrayent peu ; seules la douleur ou l'impotence accidentelle lui rappellent que la science peut faire quelque chose pour lui. Dès que le mal terrasse le paysan, il ne songe point tout d'abord à recourir à l'homme de l'art ; d'ailleurs, ce dernier est un luxe, les remèdes une dépense, et puis il faut souvent aller quérir les deux fort loin, nouveaux frais. Or le paysan n'aime pas à donner le lard aux chiens : ignorance et avarice, il consulte d'abord les savants et les commères du village dont l'arsenal pharmaceutique se borne à des emplâtres ou pommades et à quelques tisanes. Si le mal ne cède pas, le malade ne plaint plus son argent et, exhorté par les proches et les amis, se met en route pour aller trouver le rebouteur. En dernier lieu et quand les circonstances l'y obligent, il fait appeler le médecin, dont la science ne peut alors rien pour entraver la marche de la maladie.

Par le fait de leur ignorance et aussi de quelques restes des vieilles superstitions, la plupart des paysans de nos montagnes ont encore une foi très vive dans la science des rebouteurs qui, souvent, au talent de remettre en place, au moyen de force signes de croix, les membres démis, joignent celui de conjurer les sorts et de chasser les mauvais esprits. Nombreuses sont les dupes qu'ils font chaque jour ; éternels parfois, hélas ! sont les regrets que procurent leurs absurdes pratiques à ceux qui ont eu la naïveté d'y recourir. Malgré cela nos paysans ne peuvent se défaire de la sotte manie qu'ils ont de faire appel à un de ces empiriques, lorsqu'ils sont victimes de quelque accident.

S'ils croient faire une économie en négligeant les soins d'un homme de l'art, ils se trompent grandement Car si ces charlatans de bas étage, pour se mettre à couvert de la loi, font semblant de ne pas accepter ouvertement de salaires, ils ne se font pas faute de recevoir discrètement des sommes d'argent, des dons en nature équivalant dix fois au prix de la consultation d'un médecin. Mais non ! l'habitude, ou plutôt la routine (pardon, j'allais dire la bêtise), est plus forte que le raisonnement, plus forte que le bon sens, plus forte que l'intérêt même ; on s'adresse au rebouteur quand même.

Notre département possede plusieurs de ces guérisseurs, voire des deux sexes : tous n'ont pas, il est vrai, la même réputation, mais tous sont consultés avec la même foi. Puisque j'ai en somme l'air de faire leur procès, il est juste également que je cite les lignes élogieuses à eux consacrées. Le voile de l'incognito est déchiré pour quelques uns d'entre eux et je n'ai qu'à reproduire des fragments d'articles parus à leur sujet.

« Et par ordre de date, c'est d'abord *Pierrounel*, le rhabilleur de Nasbinals ; c'est pour toute la contrée celui qui guérit... celui vers qui s'élève la supplication, monte l'espoir dernier des malades, celui devant qui l'obstinée confiance de toute une population fait appel des jugements les plus irrévocables, des condamnations implacables de la science... c'est à Pierrounel qu'ils s'adressent, lorsque le médecin se récuse, avoue l'impuissance humaine en face de l'effroyable fatalité... Et tous vous affirme-

ront que Pierrounel triomphe où le savant échoue. — Je traî-
nais depuis des mois... j'avais consulté tous les médecins, vous
disent-ils... alors je suis allé à Nasbinals et Pierrounel m'a enlevé ça tout de suite ». (1)

Pierrounel, de son vrai nom, Pierre Brioude, est âgé de
65 ans, on lui en donnerait 50 tout au plus. Il est père de
6 enfants, dont plusieurs établis dans la capitale. Sa profession, cantonnier : mais il a moins de temps a consacrer
à ses routes qu'à ses malades.

« Il s'intimide un peu devant l'étranger, roule son feutre entre
ses doigts, qu'il a d'une délicatesse rare pour un montagnard et
un casseur de cailloux. Il est vetu bourgeoisement d'une veste
de rase noire, son visage allongé et doux s'encadre d'une barbe
taillée à la mode du pays ; il garde demi clos les yeux d'un bleu
vague, l'air un peu d'un tranquille bedeau, dont les 50 ans se
sont écoulés à servir le curé et à sonner les cloches. Il marmotte
des répons plus qu'il ne parle » (2).

« Pour donner une idée de sa réputation, disons qu'il soigne
chaque jour de 30 à 35 personnes, venues non seulement de la
Lozère, de l'Aveyron et du Cantal, mais encore de tout le Midi
et jusque de Paris, voire de Londres. Ces 35 personnes amènent
avec elles au moins un compagnon de voyage ; vous pensez si
tout cela donne à Nasbinals de l'animation. Aussi bien Pierrounel est-il considéré comme la fortune du pays » (3).

Il est un mérite qu'on ne saurait contester à Pierrounel : celui de savoir pratiquer un massage en règle. Il est
même étonnant qu'à cette heure il soit encore cantonnier
en Lozère et que quelque vaste établissement électrothé-
rapique ne nous l'ait pas enlevé à prix d'or pour se

---

(1) *En Auvergne*, par J. AJALBERT. — Dentu, édit. 1893.
(2) J. AJALBERT. — Loc. cit.
(3) *Courrier d'Auvergne* 1898.

l'attacher comme premier masseur. Il eut fait la prospérité du hammam.

Après lui, celui qui nous paraît occuper le second rang, est le thaumaturge *Vignes*. Ce dernier est un paysan de Vialas, âgé de 72 ans, simple d'allures, sans autre particularité que la profondeur et la vivacité de son regard. Par suite d'une série d'héritages venus de parents morts jeunes, il jouit d'une honnête aisance, cultive lui même ses terres, est très économe et peut, par conséquent, exercer gratuitement son art de guérisseur. Cette gratuité a le double avantage d'attirer la foule et de le mettre à l'abri des lois contre l'exercice illégal de la médecine.

Nourri de la lecture de la Bible, Vignes ne parle que par sentences ou proverbes tirés de l'ancien et du nouveau Testament. Il a commencé par donner des conseils médicaux, puis s'est occupé de soigner quelques infirmités et en est arrivé à se faire une clientèle dans la région. C'est alors que commença sa réputation.

Voici la notice que lui consacrait la *Revue scientifique*, dans son N° du 4 avril 1896 ;

« Vous avons dans les environs de Nimes, sur les limites de la Lozère, un guérisseur célèbre, le sorcier de Vialas. Sa réputation vient de franchir les limites du département, de la région et de la France. C'est par centaines que les Suisses des cantons allemands se sont rendus en pèlerinage à Vialas, dans le cours de 1895, à tel point que la Cie P.-L.-M. a été sollicitée, à l'effet d'établir des trains de plaisir de Genève à Génolhac (qui dessert Vialas) tout comme pour les villes d'eau les plus réputées......... M. Vignes reçoit de midi à 1 heure seulement et ne fait d'exception pour personne. Il a l'air plutôt malheureux que satisfait du don de guérir qui lui est attribué. Il n'accepte ni rétribution, ni argent et n'administre aucun remède. Il a tenu quelque temps

compte des personnes qui venaient le consulter ; depuis longtemps il ne compte plus et ce nombre augmente tous les ans :
son dernier chiffre positif est de 3500 personnes.

On voit une quinzaine de personnes à chaque consultation.
Les malades sont réunis dans une salle commune. M. Vignes se
présente et débute par un petit discours : « Qu'est ce que vous
venez faire ici ? Dieu est partout ; il vous eût guéris chez vous
comme chez moi. Je ne suis qu'un homme comme vous. Vivez
pour Dieu, non pour le monde ; ayez confiance en Dieu sans
réserve et sans faiblesse, et vous serez gueris ». Il répète cinq
ou six fois ce petit sermon, puis s'adressant à l'un des malades :
« Que vous manque t-il ? » Et quand le sujet a terminé le récit
de ses maux, il l'invite — procédé renouvelé de Jésus — à faire
quelques mouvements, s'il s'agit d'un paralysé ou d'un rhumati-
sant ; lui adresse la parole, à voix progressivement plus basse,
si c'est un sourd. Il admoneste les parents qui gâtent leurs enfants, les ouvriers qui boivent ou fument ; adresse à tous quelques paroles d'encouragement et promet, avec l'aide de Dieu,
une guérison complète.

M. Vignes possède aussi le don de guérir à distance : les journaux signalent des améliorations extraordinaires dues à son in-
tercession..... Il est assez curieux de constater que M. Vignes
est calviniste, et que c'est dans le milieu calviniste que sévit
cette curieuse épidémie d'iatromysticisme ».

Tous nos rebouteurs lozériens ne sont heureusement
pas aussi célèbres que Pierrounel et que Vignes, sans quoi
les pauvres docteurs diplomés devraient, à moins de cre-
ver de faim, aller *porter leurs pénates* ailleurs ; mais que
conclure après de pareilles apologies ? Sans partager l'en-
thousiasme de M. JEAN AJALBERT, je terminerai par ses
propres paroles :

« Et c'est inouï, cette crédulité séculaire au don de guérir
que la campagne prête à tel vieux berger, à telle vieille fileuse.
— en somme aux descendants du sorcier et de la sorcière, qui
furent bien aussi, les inventeurs de l'art de soigner le corps,

contre l'Eglise, qui ne s'occupait que de l'âme, qui furent les
seuls médecins de tout le moyen-âge et dont tant et tant expiè-
rent sur le bûcher le secret de leurs tisanes et de leurs baumes
d'oubli. Crédulité profonde qui se continue aux rhabilleurs, à
qui l'imagination populaire accorde de si mystérieuses puissan-
ces, et qu'aujourd'hui encore elle ferait volontiers arbitres du
sort, — comme le sorcier et la sorcière — « maîtres d'opérer la
destinée ».

Mais elle se comprend, cette renommée fervente, de celui qui
accomplit tant de guérisons quasi-miraculeuses, aux yeux des
simples, des guérisons immédiates, dans les circonstances qui
frappent le mieux les esprits, des entorses et des membres démis, accidents fréquents dans la montagne, des luxations que
le rhabilleur réduit, avec la plus grande habileté, de l'avis des
docteurs. De là à faire de ces empiriques d'universels guérisseurs
qui auraient hérité le secret des suprêmes magistères, il n'y a
pas loin... Et voilà nos rhabilleurs, des simples aussi, qui poussent les choses aux extrémités, ne doutent pas d'eux-mêmes.
Ils savent de tradition, du récit des anciens et de leur observation directe sur les animaux, les vertus, les énergies de certaines plantes ; ils font récolte de ce qui pullule ici, les fleurs qu'on
rencontre partout, mauves, bouillons blancs, bourraches étoilées,
tilleul, réglisse, camomille, gentiane, lourds pavots, pourpres
digitales et violents aconits.

Puis ils connaissent une foule de précieux usages ou remèdes
de bonnes femmes, qui ont du bon quelquefois, et, d'abord coû-
tent si peu, ce qui a son importance dans ces humbles hameaux.
Ils se mettent à piler des herbes, composer des onguents. Ils ne
se contentent plus, par la friction et le massage de calmer des
nerfs froissés, de rarranger un poignet forcé. Ils s'enhardis-
sent, les rapetasseurs, à lutter contre les plus obscurs de nos
maux, ils tentent l'impossible.

Et quoi d'étonnant, en somme, qu'ils réussissent avec la foi
qu'ils inspirent — lorsque la médecine d'aujourd'hui commence
à se servir de suggestion, de foi artificielle, en place de drogues, vaines si souvent ».

Que ce dernier aveu de M. J. Ajalbert est bien le mot
de la fin : c'est donc la foi (?) en la science (innée ! !) du
rebouteur qui guérit les *malades imaginaires et les détra-
qués* qui viennent à lui !

La médecine paysanne

J'ai parlé en passant, de la médecine paysanne, d'emplâtres et de tisanes, etc. En dehors des remèdes créés
par les rebouteurs, l'arsenal pharmaceutique des campagnes est un reste des pratiques empiriques anciennes :
parmi les procédés employés, il en est de si invraisemblables et dont les résultats sont encore attendus, qu'on
se demande comment de nos jours, des esprits plus cul-
tivés, moins impressionnables, peuvent avoir recours à
une thérapeutique aussi burlesque. Que le lecteur ne croie
pas la progression qui va suivre inventée à plaisir : ce
sont là des pratiques locales encore en usage dans notre

département qui, je suis heureux de le dire bien haut, n'a pas le monopole exclusif des médications bizarres.

Que penser de ces fameuses cures de petit lait qui ne sont autre chose qu'un gavage progressif et méthodique, aboutissant tout simplement à une dyspepsie chez ceux qui les suivent ? Bien anodine l'influence des fleurs de lys macérées dans l'alcool et appliquées sur les brûlures ou coupures — je ne sais au juste — simultanément avec les toiles d'araignées, dangereuses celles-là par leur malpropreté. Sans grands résultats également, les sacs bourrés de fourmis ou d'avoine cuite et brûlée, appliqués sur les reins ou l'abdomen, ainsi que les cataplasmes d'herbe, savamment choisies. En bien des endroits, pour guérir les enfants de la rougeole ou de la coqueluche, on leur fait boire l'eau séjournant au fond des baquets où s'abreuvent les chevaux.

L'émulsion d'huile de noix et de vin, pour tuer les vers, — le peuple en voit partout et leur attribue tant de maux ! — est aussi inoffensive que le collier de dents (?) de limaces mis autour du cou des bébés et destiné à accélérer la croissance des dents. J'aime assez la recette suivante que peuvent prendre en note les personnes constipées et... patientes : faire asseoir le malade sur un pot contenant de l'eau bouillante ou bouillie, jusqu'à ce que, sous l'influence de la chaleur, celui-ci éprouve — par suite du relâchement des tissus — le besoin d'aller... plus loin. Plus désagréable est pour l'intéressé cet autre remède : il consiste à faire prendre aux personnes imprudentes, qui en buvant directement aux ruisseaux ou aux tuyaux des fontaines, avalent des sangsues, un mélange d'huile, de vinaigre et d'eau salée (une vraie salade, alors !). Il y a, je crois, égales chances de dommages pour le propriétaire et son locataire ; mais il faut bien souffrir un peu pour guérir.

Je n'aurai garde d'oublier les cataplasmes d'oignons de lys blancs, employés pour hâter la maturation des abcès ou panaris : la graisse de blaireau — propriété des chasseurs — souveraine contre les douleurs des reins ; la peau sèche de serpent, destinée à faire suer ; l'avoine grillée, très chaude, contre les piqûres ; l'eau de rivière, si utile dans les maladies des yeux ; *la romo de fraïssé* aux multiples usages, les fumigations de plumes de perdreau, l'infusion faite avec des chemises sales, etc., et la variété de maux traités par les liquides et excréta naturels de l'homme et des animaux.

Les poux que les mères laissent pulluler sur les têtes des enfants sont chargés de pomper leurs mauvaises humeurs ; il en est de même des croûtes — *la gourme* — qui envahissent le visage des enfants en bas âge ; on aurait tort d'y toucher et de les soigner, car elles ne sont autre chose que de mauvaises humeurs qui s'en vont. Je me suis laissé dire que quelques femmes, simples d'esprit, n'hésitaient pas à frotter leurs enfants sains à des enfants atteints de gourme dans l'intention de les contaminer ; sans quoi, plus tard, ces enfants seraient la proie de maladies terribles, occasionnées par les humeurs malignes dont ils n'avaient pas été débarrassés dans leur jeunesse.

La bienheureuse influence du bas sale serré autour du cou, dans les cas de maux de gorge, est aussi connue que celle du bouillon de serpent pour guérir les coliques douloureuses. Personne n'ignore l'effet merveilleux de la peau de chat écorché vif, appliquée immédiatement sur la poitrine dans les cas de points de côté. Il en est de même du pigeon partagé vivant, en deux parties égales, appliquées, soit sur la tête des enfants, dans les cas de méningite, soit sur les flancs lorsqu'on ressent une trop vive piqûre ; suivant que le sang noircit plus ou moins vite, le pronostic varie. Expédients barbares, rappelant les antiques augures qui inspectaient les entrailles des victimes.

Quant à l'influence des canards et des pigeons vivants, dont on introduit le bec dans l'anus de certains malades, je la mets en doute jusqu'à plus ample information ; j'en fais de même pour le traitement des verrues qui consiste a mettre des pois dans un petit sac, à porter celui ci quelque temps et à le jeter ; le premier qui le ramasse attrape les verrues. C'est un remède facile, mais peu charitable. Enfin, on a vu des femmes chercher à faire revenir leurs menstrues fort retardées, en s'asseyant, à l'heure de la rosée, sur une herbe dont l'aspect offre quelque analogie avec celui de la rue. L'homéopathie elle-même n'est point chose inconnue : de véritables crétins — on ne peut leur donner d'autre titre — n'hésitent pas à faire prendre à leurs enfants, pour les débarrasser des vers qui les gênent, quelques uns des vers rendus par le malade lui même. C'est une véritable *autophagie,* si le mot est français. En revanche, j'aime assez le traitement des maux de dents par la pince du maréchal ferrant, cet ennemi du dentiste, dans nos montagnes. Mais j'arrête là cette liste assez fastidieuse.

Que si de la médecine humaine on passe à celle des animaux, les procédés n'en restent pas moins étonnants.

Qui n'a pas entendu parler de l'*herbe du fic*, dont j'ignore le nom scientifique, (en langue vulgaire, le mot *fic* désignant d'une façon générale les tumeurs ou excroissances se développant sur les animaux), mais non la vertu prodigieuse ? Dès qu'un propriétaire s'aperçoit qu'une de ses bêtes présente une tumeur, il n'a qu'à se rendre à l'endroit où pousse l'herbe sauvage en question et en arracher un pied avec ses racines ; au fur et à mesure que l'herbe abandonnée se dessèche, la tumeur diminue au point de disparaître. La recette est infaillible et agit, on le voit, même à distance ; cela tient absolument du miracle.

Non moins merveilleuse est l'influence du genevrier aux baies noires, si appréciées des grives. Lorsqu'une vache a été *tétée* par un serpent — puisque tous les paysans vous affirmeront la possibilité de la chose, sans en avoir jamais été les témoins, et bien qu'il soit établi que malgré son goût marqué pour le lait, le serpent ne possède pas un appareil buccal disposé pour la succion (1) — il suffit de prendre un rameau de genevrier, de l'enfouir sous un pavé de l'étable où repose l'animal envenimé et d'attendre. L'effet se produit assez vite : a mesure que le rameau pourrit sous l'influence de l'humidité et des liquides am-

---

(1) Dans le *Bulletin* de la « Lozère Pittoresque » j'ai rapporté quelques faits prouvant et la fausseté du préjugé courant dans nos campagnes et l'impossibilité dans laquelle se trouve le serpent de téter les vaches. N'empêche qu'en nombre d'écuries, vous trouverez, accrochés aux râteliers, aux mangeoires et un peu partout, des plants d'*Hellébore noir,* destinés à écarter le terrible serpent — venant surtout pour les œufs de poule, ou la salamandre dont « *tres bouffados tuo un bioou* ».

moniacaux, l'état s'améliore jusqu'a la guérison. Dans ce cas, il est probable que le repos agit à lui tout seul.

Quand une épidémie se déclare dans une étable, on y amène un bouc dont la seule odeur suffit à chasser ou à tuer « *laï bérénados* », c'est à-dire « *les venins* », cause du mal.

A l'approche du XXe siècle, voila à quelles pratiques absurdes et grotesques s'adressent encore nombre de gens : les résultats en sont piètres, mais on n'en a cure. Le temps est le meilleur des guérisseurs et l'esprit des paysans ne sait pas reconnaître sa bienheureuse influence.

*
* *

En terminant ce travail, je fais appel aux lecteurs qui auront eu le courage de le parcourir jusqu'au bout. Je voudrais que chacun recueille et note avec soin les préjugés courants de sa région, les anciennes et naives légendes qui disparaissent peu à peu avec les vieillards, seuls à les savoir et à les conter, les usages conservés par la tradition, les superstitions et les anciennes coutumes, tous les faits curieux spéciaux à chaque localité ; et qu'après avoir noirci quelques feuillets blancs, le lecteur veuille bien les communiquer au Secrétaire de ce *Bulletin* ou à l'auteur de cette étude.

Chacun apporterait ainsi sa page de l'histoire anecdoti-
que et ethnographique de notre sol ; de cette collabora-
tion pourrait naître alors l'œuvre définitive et intéressante
dont cette ébauche serait en quelque sorte la bien modeste préface.

Ce travail n'a d'autre excuse que celle d'un appel :
à l'œuvre donc, lecteurs !

Jules BARBOT.

Mende, le 4 Juillet 1899.

Le Paysan Lozérien

(Suite) [1]

Il ne faudrait pas que le lecteur ait voulu voir dans la première partie de cette étude, autre chose qu'une suite d'observations, mais une critique amère et toute personnelle de la vie et des mœurs du paysan lozérien, ou bien qu'il ait cherché à généraliser certaines particularités spéciales à tel point de notre région, appliquant ainsi largement le « ab uno disce omnes » des anciens.

Il n'y a ni critique, ni charge de mauvais goût. Il est plus facile de trouver les défauts que les qualités de nos compatriotes, de leur donner des conseils que de leur décerner des éloges. D'autres ont déja parlé dans le même sens et le lecteur un peu curieux qui voudrait bien consulter, au hasard, quelques uns des ouvrages énoncés dans la bibliographie ci jointe, et disposés chronologiquement [2],

---

[1] Voir le *Bulletin de la Société d'Agriculture*. Année 1899.

[2] *Jerphanion*. — Mémoire statistique sur le départ. de la Lozère. 1802.

✳

serait étonné d'y trouver, écrites par des Lozériens, à côté d'appréciations sévères et peu flatteuses pour notre pays, des réflexions à l'abri de toute critique.

La conclusion qui s'impose à ce travail n'en changera pas l'idée primordiale : « montrer les qualités qui caractérisent notre race et ont contribué, en lui conservant un type original, à la maintenir toujours vivace et prospère sur le sol auquel elle s'est attachée. »

D'ailleurs, laissons la parole à un lozérien dont on ne suspectera, nous nous plaisons à l'espérer, ni ses intentions, ni ses recherches écrites en un style naïf et sans prétention aucune : chemin faisant, nous aurons l'occasion d'annoter et de compléter son travail.

A. du Chesnel. — Voyage dans les Cévennes et la Lozère. 1827-1829.

Blanquet. — Topographie médicale de la Lozère. Mémoires S. A. 1830-31.

Mémoires et Bulletins de la S. A. Années 1832, 1835, 1837, 1843, 1857, 1859.

Mosaïque du Midi. — Années 1838, 1839 et 1842.

Bouret. — Dictionnaire géographique de la Lozère. 1852. pp. 72, 73, 74

Mathieu. — La famille rurale des Cévennes. 1884.

E. Cord. — Etude géologique et agricole de la Lozère, 1899. pp. 13, 33, 74, 112, 150.

E. et G. Cord. — La Lozère (guide). 1900. (**Voir** le chapitre : *L'homme actuel),* etc...

**Des mœurs, des habitudes du paysan de la Lozère ;
de son costume, de sa manière de vivre et des
principales maladies auxquelles il est sujet.**

« En général, le paysan de la Lozère a des mœurs simples et
pures. Il est extrêmement attaché au sol qui l'a vu naître, à la
religion de ses pères et à ses légitimes Souverains. Il a appris,
dès sa plus tendre enfance, à regarder le Prince comme le re-
présentant de Dieu sur la terre. Le Roy n'a peut-être pas de
sujets plus fidèles, plus dévoués et plus soumis aux lois L'habi
tant de nos montagnes est fort enclin à la superstition, au merveilleux et à se livrer aux charlatans (1). Il ' croirait vo-

---

(1) On entend dire souvent, d'une personne morte rapidement
après avoir bu, en été, à une source glacée : « *Abio bègut la
bérénado è s'es couffludo.* » — Elle avait bu le venin et s'est gon-
flée (et est morte). — Voilà une explication aussi naïve que
brève d'une congestion pulmonaire. D'autres personnes meurent, pour avoir mangé quelques mûres noires prises à des
framboisiers sauvages, hôtes des vieilles murailles : le serpent,
en passant, les avait touchées et envenimées.

Quand une vache ne donne plus ou peu de lait, c'est qu'un in
connu ou un méchant lui a jeté un sort. Pour la guérir et rendre à nouveau la bête bonne laitière, il suffit de lui faire manger
de l'herbe volée, la nuit, dans le champ de celui qu'on suppose
l'auteur du maléfice. En certains endroits, au moment des
grandes fêtes religieuses, ne voit-on pas les bouviers donner
aux vaches de l'herbe ou des grains bénits, afin d'obtenir d'elles
beaucoup de lait destiné à confectionner les gâteaux, beurres
et crèmes consommés en cette circonstance ?

De tout temps — très anciennement même, ainsi que l'atteste
une Délibération des Etats du Diocèse, du 20 février 1685 —
les populations de l'Aubrac et du Lozère, attribuant la production de la grêle qui dévastait périodiquement leurs récoltes à

lontiers aux sorciers et aux devins auxquels il aurait quelquefois recours, sans les avertissements du curé, qu'une pareille croyance est contraire aux lois divines. Il regarde l'hospitalité comme un devoir. Le paysan partage volontiers son repas frugal et donne le toit au premier venu qui se présente ; une foule de fugitifs ont trouvé chez lui, pendant le cours de la révolution, asile et secours de tout genre. Le seul titre de proscrit suffisait pour l'interesser ; nombre de familles ont encouru meme les plus fortes peines, que l'injustice des lois révolutionnaires a fait peser sur elles. Sans le frein que lui impose la religion, le montagnard serait très vindicatif. Il conserve longtemps et lègue quelquefois à ses héritiers le souvenir d'une offense ou d'une injustice. En général, il est peu instruit, méfiant et lent à concevoir. La majeure partie ne sait ni lire, ni ecrire.

« Le vice dominant est l'ivrognerie et la manie des procès. Le paysan conclut rarement une affaire ou un marche sans le *Vinage :* souvent, la dépense faite à cette occasion dépasse et de beaucoup, celle du principal Il n'est pas rare d'en voir rester au cabaret, deux ou trois jours dans un etat d'ivresse qui les assimile aux brutes. Dans cet etat, ils deviennent souvent insolents et ne reconnaissent plus de maîtres. La fureur des proces, qui paraît s'accroître en raison de la misère dans laquelle nos campagnes sont tombées, en complétera la ruine. La discussion d'un morceau de terrain, souvent sans valeur, entraine la destruction de deux familles qui deviennent la proie des hommes d'affaire.

« Le bapteme et le mariage forment trois fetes de famille avec l'enterrement, auxquelles le paysan se dispense rarement d'as-

l'influence des lacs, ont demandé leur dessèchement. mais sans succes.

Les troupeaux transhumans, montant, tous les étés, des plaines brûlantes du Languedoc, pour venir estiver dans nos montagnes, en redescendent aux premiers froids ; mais jamais leurs conducteurs ne les font voyager le jour de la Saint Médard : les imprudents qui s'y risquent perdent en route plusieurs bêtes, sans qu'on connaisse la cause d'un pareil fait...   J. B.

sister (1). Le premier né est toujours porté aux fonts baptismaux
par le grand-père paternel et la grand-mère maternelle lorsqu'ils existent. Toute la famille est convoquée et assiste à un
repas qui a lieu à ce sujet auprès de l'accouchée ; celle ci se
lève souvent du lit pour venir à table et paye fréquemment cette
imprudence par une fièvre puerpérale, quelquefois même par la
mort. Ce repas consiste ordinairement en un potage de riz au

---

(1) Quelques particularités relatives à ces évènements. Il est
sans exemple qu'un paysan, quelque mauvais qu'il soit d'ailleurs,
néglige de faire baptiser ses enfants, dédaigne leur instruction
chrétienne. Les mariages civils sont très rares et fort décriés
et le refus de sépulture ecclésiastique, chose inconnue, serait à
leurs yeux une flétrissure. Dans la plupart des villages, les ac-
couchements se font sans l'aide de la sage-femme : de vieilles
matrones en font l'office, et le peu de soins de propreté qu'elles
apportent dans leur intervention ferait hurler de mépris tous
nos accoucheurs et praticiens modernes. En certains endroits
on apporte à l'église une cuvette et un pot à eau prêtés obli-
geamment par une famille riche et destinés aux ablutions du
pretre qui baptise. On donne beaucoup aux enfants les noms
des patrons de la paroisse, des Saints de la region, mais souvent
aussi le nom du saint, ou de la sainte, du jour de la naissance ; il
y a là une habitude naïve et presque ridicule à affliger les enfants de prénoms invraisemblables figurant sur les calendriers !
A la campagne, les jeunes épouses portent rarement la robe
blanche, mais surtout des robes de couleur et des chaines sans
fin zigzaguant sur leur poitrine d'une epaule à l'autre ; en gé
néral, les femmes aiment assez les bijoux. Le voyage de noce
n'est pas une habitude établie, comme dans les classes bourgeoi-
ses ; en quelques endroits on fait seulement l'*Etendard*. C'est
un dîner qui se donne quelques jours après la noce, soit dans la
famille de l'époux, soit chez le garçon d'honneur : c'est la réé-
dition des fêtes et festins du jour du mariage.
En plusieurs endroits, aux enterrements, les parents du défunt — les hommes — restent debout à l'église et conservent
leur chapeau sur la tête pendant toute la durée de l'office. En

lait, en viande de cochon salée et en laitage ; il dure plusieurs heures, de nombreux toasts sont portés à la santé du nouveau-né ; il est rare qu'on quitte la table sans que quelqu'un des convives ne soit dans un état complet d'ivresse.

« Le mariage a lieu le plus souvent entre habitants de la même paroisse ; rarement va-t on chercher une femme loin. Les premières ouvertures ont ordinairement lieu par l'entremise du tailleur ou du berger du village ; la première visite est faite de nuit. Il est d'usage que la prétendue prépare et serve le souper où se trouve toujours un plat de beignets. La dextérité qu'elle met à manier la poele et l'adresse qu'elle développe décident souvent le futur. Si les partis se conviennent, une conférence de famille a lieu et l'on fixe le jour où l'on se rendra chez le notaire pour dresser le contrat, dans une ville voisine. Les pères et mères et parents âgés assistent a cette première fête ; on règle et on discute longuement les affaires d'intérêt ; fréquemment, le prix ou la livraison d'un bœuf, d'une vache ou d'un mouton sont l'objet de grandes difficultés. L'acte fini, on se rend au cabaret où l'on reste à boire jusqu'au lendemain.

« Le jour de la célébration du mariage, toute la jeunesse du lieu et souvent de la paroisse, les parents et amis des deux familles, se rendent à cheval chez la fiancée au bruit de nombreux coups de pistolet. On déjeûne amplement et de là on va à l'église et chez M. le Curé. Après la cérémonie de la bénédiction nuptiale, on reconduit la nouvelle mariée à sa maison. On se remet à

---

allant au cimetière, le cortège s'arrête devant la demeure des parents et des amis, des prières sont dites et une collecte est faite chaque fois. Il est impossible de ne pas parler des cris et des clameurs des femmes aux obsèques d'un père ou d'un parent. Quand le cortège, venant d'un hameau éloigné de la cure ou d'une ferme isolée, chemine le long de la route, à travers la lande, précédé du cercueil que portent sur leurs épaules, ou à bout de bras, quatre solides gars, les sanglots et les cris entrecoupent les prières, vibrent dans l'air avec un ton sinistre et, le passant, étonné d'abord, puis attristé, envoie de loin son salut à celui qui s'en va.

J. B.

table, et bientôt les chansons et les danses commencent au son
de la voix ou du flageolet. La seule danse usitée est un espèce
de *rigaudon* dit *bourrée* dont la mesure est très lente et marquée
par des claquements de main et le bruit des sabots ; on la danse
à deux ou à quatre. A l'entrée de la nuit, tout le monde se
transporte chez le nouveau marié ; on recommence à boire, à
manger et à danser et cela, non seulement la nuit, mais le lendemain. Il faut l'avoir vu pour se faire une idée de la quantité
d'aliments et de boissons que chaque individu consomme ;
aussi, un grand nombre en sont-ils fortement incommodés.

« Le repas de noce se compose ordinairement d'un potage au
riz, d'une soupe au fromage fortement épicée, d'un ou plusieurs
veaux mis en ragoûts, dans de la patisserie, ou rôtis au four,
d'une grande quantité de *cochonnaille* et de laitage. Le vin reste
dans l'outre ou il fut porté. Le jour, ou la veille de la fête, plusieurs boivent dans le même verre. Il est rare que les femmes se
mettent a table ; elles sont groupées près du feu ou dans un
coin et ont l'air de se cacher en mangeant ; elles observent un
grand cérémonial et se font presser beaucoup pour boire du
vin.

« A la mort d'un père de famille, tous les parents sont invités à
venir assister à l'enterrement. Chacun se rend auprès du cada-
vre déposé à la cuisine et l'asperge avec de l'eau bénite. Le con-
voi part de bonne heure, précédé du curé et du clerc de l'église
et fait plusieurs stations où chaque membre de la famille fait
réciter une prière pour le repos de l'âme du défunt. La cérémonie terminée, ce qui n'a lieu que vers midi, tout le monde se
rassemble à la maison du décédé ; on se met à table et on y
reste ordinairement jusqu'à la nuit. La conversation roule d'a-
bord sur les qualités du mort et l'on finit en buvant au repos de
son âme. Le repas est le même, quant à la composition que celui des noces. Pareille invitation se renouvelle lors de la qua-
rantaine et au bout de l'an.

. . . .

« L'habitant de nos montagnes est fort vigoureux et d'une taille
avantageuse. Il a l'air triste et sombre, les mouvements très lents
et peu prononcés ; il perd de bonne heure ses dents, son coloris
et son embonpoint. Il quitte difficilement le pays. Les femmes

sont nubiles fort tard, mais elles sont très fécondes ; il n'est pas rare de voir des familles de douze ou quinze enfants. Un très grand nombre périssent, des suites de couches, par le peu de soins qu'elles prennent dans cette circonstance ; presque toutes nourrissent leurs enfants. En général, les femmes ont peu de grâces ; elles perdent de bonne heure leur fraîcheur et leurs couleurs.

« On rencontre sur la montagne nombre de vieillards fort âgés; il n'est pas de communes où l'on ne compte des centenaires. Le montagnard se rend volontiers aux foires, aux fêtes votives et à la ville, quoique souvent il n'ait rien à y faire, pour le seul plaisir d'aller boire avec ses camarades ; il y a fréquemment entre eux des rixes violentes.

« Le pain d'orge ou de seigle (1), la soupe de choux, de raves, de navets, d'orge mondé ou de légumes, assaisonnée avec un peu de lard, de saindoux ou du beurre, et le laitage forment la nourriture ordinaire de l'habitant de la campagne. (2) Sa boisson unique est l'eau. Il fait trois repas en hiver et quatre en été. On compte qu'il faut par jour, à chaque laboureur, deux kilogrammes de pain, quatre litres de potage ou de petit lait et un kilogramme de viande, fromage ou légumes.

« Le paysan couche de préférence à l'écurie ou à la grange ; il change rarement de linge et est peu soigneux de sa personne. Le costume de la femme consiste en un chapeau de feutre en laine ayant la forme d'un grand plat, bordé d'un velours étroit

---

(1) Le soin de préparer le pain de seigle, où sont mêlés la farine et le son, est toujours dévolu aux femmes, et, comme elles ne savent pas pétrir, comme elles ignorent l'art de faire fermenter la pâte et de lui donner le degré de cuisson convenable, ce pain est gluant, lourd et sujet à moisir. Chaque ferme a son four où l'on cuit tous les quinze à vingt jours.   J. B.

(2) « Dans les Cévennes, dans la Borne (canton de Villefort), il existe des familles qui, dans leurs ménages, ne goûtent pas le pain deux fois par an ; elles se nourrissent de pommes de terre et de châtaignes, et cependant les individus qui les composent sont robustes, vigoureux et jouissent de la meilleure santé possible. »   BENOIT. — 1830.

et attaché par deux bouts de ruban à une coiffe à pli de tête
garnie d'un ou de deux rangs de dentelles sur le devant ; en un
fichu et un tablier d'indienne, en un corset et un jupon de gros
drap du pays, gris couleur de la bête ; en une camisole de
même drap et une chemise de grosse toile avec une paire de
bas de laine et des sabots : le tout peut être évalué de 36 à 40
francs. Le paysan porte un grand chapeau de laine à ailes rabat-
tues qui le garantissent de la pluie et du soleil ; il a pardessous
un bonnet rouge ; il est habillé d'une veste courte en gros drap·
gris, d'une camisole de drap blanc, d'une chemise de grosse
toile d'Auvergne, d'un pantalon et d'une paire de guêtres du
même drap que la veste. Il porte habituellement des sabots, été
comme hiver ; ce costume a la valeur de 30 à 36 francs. L'étofle
dont on fait usage est ordinairement fabriquée dans chaque mé
nage ; ces sortes de draps, qu'on fait fouler jusqu'à les porter à
l'état de feutre, resistent longtemps à la pluie et sont d'une longue durée.

« L'artisan et le journalier des villes a en grande partie les
mœurs, les habitudes et la meme manière de vivre que les habitants de la montagne.

« L'air froid et humide que respire continuellement le paysan,
les habitations souterraines qu'il se pratique pour se mettre à
l'abri des rigueurs du froid, le sejour qu'il fait pendant six mois
dans les écuries, le rendent très sujet aux maladies qui ont pour
cause la difficulté ou le dérangement de la transpiration. L'épais-
sissement ou la dégénération de la lymphe, le vice scrofuleux
et rachitique avec engorgement des glandes et souvent avec
ulcères fistuleux aux jambes, les maladies cutanées, les rhumatismes, les hydropisies, les fièvres catharrales avec lésion de
l'organe pulmonaire ou du tube intestinal, se font fréquemment
observer dans nos campagnes. Souvent ces maladies, qui
auraient cédé à un traitement methodique, employé dès le dé-
but, deviennent incurables ou mortelles par insouciance, défaut
de moyens et fréquemment par des médicaments empiriques (1).

(1) Est-il besoin de rappeler la pierre en usage contre la morsure de la vipère ?

« Ceux qui en ont été mordus l'appliquent sur la plaie. Il y en a qui se conten-

« Les maladies vénériennes, jadis inconnues dans nos montagnes, y ont été apportées par des jeunes gens venus des armées ;
le peu de soin qu'on met à les faire traiter les rendent souvent
très graves.

« Lorsque des fièvres putrides, ou ataxiques, se développent
dans quelque village, elles y deviennent bientôt contagieuses et
épidémiques par le défaut de soins et de propreté, par le manque de linge et de secours, par le vice des habitations générale-

---

tent de la porter plusieurs fois sur une partie quelconque du corps, loin de la plaie,
sans y avoir touché. Cette pierre à laquelle est attachée la plus grande confiance,
puisque si, par hasard elle était égarée, la personne a qui elle aurait été confiée serait tenue de payer une somme de 50 francs, a titre de dommages, cette pierre,
est absolument nulle contre la morsure de la vipère et jouit seulement du triste
privilège d'empêcher qu'on emploie des moyens efficaces ». Dᵣ CHEVALIER. 1833.

Les hachettes celtiques, en serpentine polie, connues dans nos
campagnes sous le nom de *Peiros del tro* (pierres de tonnerre)
servent aussi dans certaines affections.

Et l'omelette, donnée le matin à jeun aux personnes mordues
par les chiens enragés, confectionnée avec de l'huile d'olive,
quatre œufs et de **la poudre d'écailles** d'huitre, remède conve-
nant aux animaux aussi bien qu'à l'homme ? Les lecteurs dési-
reux de connaître la recette d'un cataplasme — un vrai, celui-là
et peu ordinaire ! — usité également contre la rage, n'ont qu'à
lire une note du Dᵣ Monteils, parue dans le Bulletin de la Société, en 1866, page 89.

A signaler, pour clore cette série de remèdes grotesques, un
révulsif d'un nouveau genre, peu connu et à l'usage des personnes hydropiques.

Il consiste à faire rougir au feu des galets de rivière et à les
jeter ensemble dans une marmite pleine d'eau, au-dessus de
laquelle se place le malade, les jambes écartées et le ventre nu
— sous une jupe, ou sous une couverture de laine, recouvrant
cuisses et jambes. L'eau vaporisée par les galets se condense
sur la peau et perle en gouttes qui ne tardent pas à ruisseler :
c'est « *l'eau qui sort.* » La méthode est simple et facile à es-
sayer. »   J. B.

ment humides et mal aérées, enfin par l'habitude où est le paysan de coucher dans un lit fermé ressemblant à une armoire.

« Le typhus, qui nous fut porté en 1814 par des prisonniers de
guerre, a exercé pendant plusieurs années de grands ravages
sur un grand nombre de points du département... . » (1)

Le lecteur n'oubliera pas que cette notice rapide a été
écrite, il y a bien près de 80 ans, et que depuis, nombre
d'auteurs, nommés plus haut, ont signalé ces faits les uns
après les autres, pour les avoir, chacun, observés, l'obser
vation étant du domaine de tous ; mais on aurait peu de
lignes à y retrancher pour donner à cet aperçu ethnographique une note d'actualité, ainsi qu'on aura pu s'en
convaincre.

*
* *

D'une communication inédite, voici quelques pages
détachées et destinées a corroborer les faits rapportés
dans la première partie, déjà publiée, de cette étude.

«..... Le village cévenol — enfermé dans la lisière de son bois,
et traversé par le chemin rocailleux dégringolant entre les vieilles maisons — nous donne l'impression de l'immobilité. Dans
ce cadre, le paysan se meut lentement ; il a pris des mains de

---

(1) Cette citation est extraite d'un long rapport, écrit en janvier *1823* et probablement *inédit*, du docteur Barbut, l'un des
membres fondateurs de la Société d'Agriculture, professeur de
physique et chimie expérimentales à l'Ecole Centrale du département, médecin inspecteur des eaux de Bagnols, correspon-
dant du Comité central d'Agriculture à Paris, Chevalier de la
Légion d'honneur, mort en 1827.

son père l'antique demeure et les terres familiales et avec elles
les préjugés, les passions et les haines. Tout se conserve au
village, les vieux scandales comme les vieilles traditions glo-
rieuses. On croirait être transporté à quelques cent ans en arrière ; et, lorsqu'à la veillée, au clair de lune, l'aïeul racontera
les histoires de *dracs* et de *revenants*, un frisson de peur nous
fera tressaillir.

« Miracles, dracs et revenants, tout cela existe encore et s'a-
gite dans l'imagination de beaucoup de nos montagnards.....

« Il n'y a pas bien longtemps, je trouvai dans une famille un de
ces petits livres rempli de recettes merveilleuses, assurant sans
faute la guérison des bêtes et des gens ; et, quel ne fut pas
mon étonnement quand j'appris que ce livre n'était pas le moins
du monde hors d'usage, et qu'on recourait encore à ses lumiè-
res pour guérir les maladies et délivrer des sorts !... Bien que
rapprochés du médecin et du vétérinaire, les gens du village
préfèrent encore dégringoler la montagne caillouteuse pour aller
dans la vallée consulter le livre mystérieux et vénéré, qui depuis
bien longtemps se transmet du père au fils aîné et ne livre ses
secrets qu'à ceux qui ont au moins trente ans !

« Et à quoi sert-il ce livre ? Il délivre les hommes du feu, du
froid, des rhumatismes, des maux de tête etc., etc.... il guérit
les animaux des foulures, des morsures de serpents, des piqûres
de mouches, du mal caduc, etc., etc..... il apprend aux hommes
à se délivrer du mauvais œil. « Quand tu seras ensorcelé, dit-il,
prends trois gousses d'ail et un peu de sel pilé, et cous tout cela
dans la doublure de ton habit ; si tu as peur de l'être, mets ton
vêtement à l'envers. » — Pour les écuries, c'est autre chose :
« Demande gratis 3, 6 ou 9 grains de poivre que tu mêleras à
une poignée de sel et que tu déposeras (sans être vu de personne) dans un coin de l'écurie. »

« Recettes pour bêtes et gens sont mêlées, et les mêmes bizarres invocations, au nom du Père, du Fils et du St-Esprit, sont
exigées pour les unes et pour les autres. — S'agit-il d'un moyen
infaillible qui donne au jeune conscrit le privilège d'amener un
bon numéro ? Il suffit de coudre à son insu, dans la doublure de
son habit, une tête de serpent, de vipère si c'est possible ! —
Voulez vous être guéri du hoquet, du mal de dents, des dartres,

récitez la formule suivante : Au nom du P., du F. et du S. E. , d'être, de non etre, de 10 à 9, de 9 à 8, de 8 à 7, ... de 1 à pas. Après cette invocation qui doit etre prononcée sans se reprendre ni se tromper, le mal disparaîtra ; s'il persistait, au lieu de commencer à 10 on prendrait à 29.

« Voila un côté de l'état d'âme actuel dans nos campagnes. Il peut nous faire comprendre l'etat ancien. Nos ancetres vivaient au milieu de craintes perpétuelles. Les guerres venaient enlever leurs enfants et décimer leurs ménages. Ils se croyaient les victimes d'une puissance hostile — inconscience ou fatalité — qui se jouait de leur ignorance et de leur misère et, lorsque la paix revenait, la superstition etait trop ancrée pour disparaitre tout d'un coup. Tout était sujet à observation mystérieuse, la naissance comme la mort, et nos grands peres ne manquaient jamais d'inscrire sur leur vieille Bible le signe du ciel sous lequel leurs enfants etaient nés.

« Plus tard l'esprit du diable rodait autour de ces enfants pour s'emparer de leur âme . c'était le sorcier. Pour s'en préserver, on avait recours à toutes sortes d'incantations et de cérémonies magiques que l'on célébrait en grand mystère, et le plus souvent les nuits d'orage, à minuit. Dans les temps d'accalmie beaucoup de ces pratiques étaient laissées de côté ; mais, lorsque une nouvelle guerre eclatait, lorsqu'une épidemie venait s'installer dans nos montagnes, les buchers se dressaient de nouveau pour tous ceux qui, de pres ou de loin, etaient soupçonnes de sorcellerie Les idees les plus fantastiques prenaient du credit, et l'on acceptait sans controle les récits les plus incroyables. Je citerai comme exemple la croyance generale a l'existence des dracs et des revenants.

« Le drac etait un esprit mysterieux et surnaturel, dernier vestige d'un mort aimé, qui s'agitait autour d'une famille et qui, sous les aspects les plus baroques, se livrait à des exercices plus extravagants les uns que les autres. Ecoutez un fait qui, dans mon enfance, me jetait dans une terreur indicible : le cordonnier de mon village, un brave homme, très superstitieux, se trouvai un jour à la ville pour renouveler ses provisions. Les voies fer rees n'existaient pas encore, et notre voyageur, ses affaires terminées, chargea son billot sur ses epaules et s'achemina vers son village. La route était longue, le ballot était lourd, le voyageur exténué. C'était sans doute la fatigue d'une longue marche. Enfin, après beaucoup d'efforts, il arrive. Alors, au moment où il dépose ses achats, une bobine de ligneux, qui lui avait été donnée gratuitement, tombe à terre et se mettant à sauter, crie dans un rire diabolique : « *Tant mieux, tant mieux, tu m'as porté.* » C'était le drac !

« Les revenants étaient les esprits des morts qui apparaissaient aux vivants. Ils étaient de deux sortes, tantôt cruels, tantôt généreux et prophètes. Les premiers sortaient la nuit de leurs tombes et allaient sucer le sang des vivants pendant leur sommeil, en sorte qu'ils se conservaient en chair fraîche dans leurs sépulcres où ils rentraient après leur lugubre repas. Les seconds apparaissaient dans d'immenses draperies blanches et, après avoir effrayé les vivants, tantôt les plongeaient dans une extase bien heureuse, tantôt leur apportaient des avertissements pour l'avenir.

« Nous devons à la vérité de dire que ces superstitions disparaissent peu à peu de nos montagnes. Mais elles existent encore et bien peu nombreux sont les vieillards qui n'ont pas quelqu'une de ces histoires à raconter à leurs petits enfants.

« Il serait intéressant de faire l'histoire complète, et non pas fragmentaire, de ces superstitions. On y verrait alors qu'elles sont vieilles comme le monde, et que chez nous, comme chez tous les peuples, à de certaines époques, la superstition a remplacé la morale, la religion et la science.

« De nos jours encore, le vendredi n'est il pas, pour beaucoup d'hommes, un jour néfaste ? Une comète n'annonce-t-elle pas une catastrophe prochaine ? La mère qui voit son enfant dépérir ne le porte-t-elle pas la nuit au croisement de trois chemins ? Le paysan ne conduira jamais dans son étable un inconnu mal vetu ou de mauvaise mine : le mauvais œil pourrait tomber sur ses betes et les faire mal venir. Aussi, est-ce un grand témoignage de confiance vis-à-vis d'un étranger que de l'admettre à visiter en détail une ferme !..... » (1).

---

(1) Extrait d'une relation manuscrite « Court voyage à travers les superstitions Cévenoles » de M. E. Rauzier, pasteur au Collet-de-Dèze.

Etat intellectuel

Les statistiques nous sont en général assez peu favorables. On admettra parfaitement que notre département est parmi les plus petits de France, qu'il est isolé, parcequ'enserré entre de hautes montagnes; qu'un des derniers il a été sillonné par des routes et desservi par une voie ferrée ; qu'enfin les appels nombreux faits auprès des pouvoirs publics n'ont pas été assez souvent entendus.

Si nous parcourons les rapports parus depuis cent ans et ayant trait à la situation de notre pays, nous voyons qu'on y réclame à grands cris l'instruction pour nos populations et des routes pour leur permettre, avec nos voisins ces relations au moyen desquelles on suit pas à pas les progrès de la civilisation.

On ne se tromperait peut etre pas, en affirmant que, si un dixième de la population sait lire, un trentième ne sait pas écrire, disait en une séance solennelle, vers 1829, le baron Florens, préfet de l'époque.

Et six ans plus tard, dans une assemblée, un lozérien ajoutait :

« Si l'on comptait bien la population, on verrait bientôt, j'en suis sûr, qu'un grand nombre de ses habitants ne savent encore ni lire ni écrire. »

Et plus loin, du même :

« Mais il ne suffirait pas, pour l'avenir de la Lozère, d'établir des écoles nouvelles, de réorganiser les anciennes, ni d'agrandir celles qui existent déjà ; cela serait une amélioration sans doute, mais cela ne serait qu'un pas fait dans un chemin bien étroit et bien raboteux encore. Il faut de plus, pour le bien du pays, des routes nombreuses, des communications avec les grandes villes; il nous faut des sociétés savantes et des bibliothèques pour les alimenter (1).

On a fait beaucoup depuis ce temps là. Des établisse ments et des écoles ont été créés ; sur tous les points de la région, instituteurs et institutrices, religieux ou laïques tentent d'apprendre à nos jeunes compatriotes les élé ments « du parler de France », de l'hygiène, de la mo-rale et les notions de la science populaire. Et malgré tous les efforts tentés depuis un demi-siècle, il semble que le niveau intellectuel du pays soit demeuré stationnaire. Et qu'on ne paraisse pas se choquer d'une pareille assertion: les exceptions qu'on pourrait objecter ont existé en tout temps, mais le résultat général est presque identique.

Partons du bas de l'échelle sociale. Les enfants de la campagne fréquentent peu de temps les écoles ; en été ils sont utiles à la ferme, et l'hiver, les chemins sont par-fois trop mauvais et le temps trop rude pour leur permet tre d'aller au village voisin. Dès qu'ils sont en âge de ser-vir comme domestiques dans la maison paternelle, ou d'ê-tre loués comme valets, les parents leur font abandonner sans regret livres et cahiers.

Mais si ceux-ci ont quelque aisance, ou quelque ambi-tion, ils enlèvent leurs enfants au maître d'école et les envoient à la ville, c'est-à-dire au collège, au séminaire,

(1) A de Charpal. — Discours sur l'amélioration morale et intellectuelle du départemet. (Mém. S. A. 1835).

chez les frères ou les sœurs. Là, après quelques années
d'études, les filles passent les différents brevets, entrent
au couvent comme novices ou deviennent institutrices laïques : quelques rares optent pour les postes et télégra-
phes , tandis que, des garçons. la plupart munis de leurs
brevets, se font instituteurs laïcs, curés ou frères et, les
autres, une fois leur service militaire achevé, rengagent
ou restent dans les villes a la recherche de petits emplois
peu lucratifs (1)

Mais en dehors de leurs heures de travail ou de bureau,
combien peu, aux heures de loisir, utilisent la variété des
connaissances apprises ! Les journées et les veillées sont
cependant longues à la campagne et que de coins à explo-
rer ou de notes a prendre. Qui mieux que l'Etat pourrait provoquer cette émulation qu'on rencontre partout
ailleurs et qui chez nous semble faire presque entierement
défaut ? Il y a bien quelques exceptions et il serait juste
de les faire connaître · mais a quoi cela servirait il ?
L'exemple serait il suivi ?

Dans la bourgeoisie et dans les familles aisées, on
cherche toujours à faire des « bacheliers » : la peau
d'âne une fois acquise, il semble que tous les horizons
sont ouverts aux lauréats et qu'ils n'ont que l'embarras
des carrieres. On se dirige peu chez nous vers les hautes
études, les écoles du gouvernement, les beaux-arts, le
commerce, la banque : quelques carrieres libérales, médecine, barreau, attirent davantage les jeunes ; mais, en
revanche, on envahit toutes les administrations et les emplois subalternes. On cherche surtout une petite place
dans la formidable cohorte du fonctionnarisme.

---

(1) Inutile de parler des declassés

Il suffit pour s'en convaincre, de feuilleter l'annuaire départemental ; les deux tiers de nos fonctionnaires, gros et petits, sont lozériens ; à l'extérieur, ils sont légion. On ne saurait croire le nombre de candidats à un poste de facteur rural ou de cantonnier, et cependant combien cette situation est modeste et peu rétribuée !

D'ailleurs, certains éléments d'étude indispensables manquent chez nous : nos bibliothèques sont dépourvues d'une foule d'ouvrages spéciaux — travaux historiques, scientifiques et littéraires — nécessaires à tout chercheur ; en retour, les feuilletons et les romans les plus insipides parus en cette fin de siècle, encombrent leurs rayons. Les publications régionales, la plupart des travaux publiés depuis une centaine d'années (1) sur notre histoire et notre sol, sont disséminés et certains introuvables même ; en réunissant ces feuilles éparses, on aurait peine à constituer une bibliothèque exclusivement locale, fait unique et dont notre département a malheureusement le triste monopole. Et cependant, que de belles pages dans nos annales !

De plus, nul encouragement ne vient stimuler le zèle des chercheurs — si rares déjà — s'intéressant à notre pays ; il semble que le champ des recherches n'ait plus rien d'inconnu, tandis qu'il y a place pour plusieurs : notre histoire, nos monuments, nos ruines, la flore, la faune et nos richesses minéralogiques, les légendes et la poésie populaires, reflet de nos mœurs et de notre caractère, tout cela constitue un programme d'études à peine ébauché.

---

(1) Une vaste bibliographie lozérienne est en préparation et paraîtra sous peu.

Il convient de signaler quelques efforts tentés depuis
plusieurs années, mais que rien n'est venu encourager.
Qu'on veuille bien comparer cet élan de quarante années
— de 1830 a 1870 - faisant surgir de tous côtés des cher
cheurs dont les travaux ont contribué à éclairer le passé
de notre histoire et à sauver de l'oubli une partie de nos
traditions nationales, avec l'indifférence générale dans
laquelle on semble végéter aujourd'hui. Ceux qui nous
ont précédé n'avaient point nos facilités et nos ressources,
mais quand ils partaient, on pouvait dire d'eux qu'ils
avaient été utiles !

Une seule société scientifique existe en Lozère, depuis l'an 1827, et encore ne doit-elle sa vitalité qu'à
ses propres et faibles ressources jointes à quelques allo-
cations du Gouvernement et aux subventions annuelles
prélevées par le Conseil général sur notre pauvre budget,
tandis qu'à côté, chez nos voisins, les clubs scientifiques
et littéraires vivent nombreux, grâce aux encouragements
privés et a l'appui financier de l'Etat et des départements,
plus riches que le notre.

Dans l'état actuel, on serait presque tenté d'appliquer
à notre époque et à notre pays, ce jugement d'un lozérien
vivant en 1844 :

« .... Il n'est pas à désirer que dans les campagnes l'instruction prenne une trop grande extension, surtout à une époque où
toutes les carrières sont encombrées au point que le gouvernement se voit forcé à prendre des mesures propres à diminuer le
nombre de personnes qui, dominées par une ambition désor-
donnée, cherchent à sortir de leur position, et regardent les
places et les emplois comme une curée à laquelle elles ont droit.

L'état ecclésiastique et la conscription enlèvent beaucoup de
bras à l'agriculture, et il n'est pas douteux que ses pertes aug-
menteraient si tous les prolétaires recevaient une instruction

telle que l'indiquent les programmes des instituteurs primaires, car on ne saurait croire qu'un berger, qu'un bouvier, un journalier, sachant lire, écrire et calculer ne fut tenté d'abandonner sa profession pour entrer dans une carrière plus lucrative ; heureusement les inconvénients que je signale ne sont pas encore à craindre, puisque les classes inférieures ne peuvent envoyer et faire résider leurs enfants dans le chef lieu de la commune où est placé l'instituteur.

Lorsqu'un cultivateur veut louer un domestique, il ne s'informe pas s'il sait lire, écrire et calculer, il lui suffit de savoir qu'il est laborieux, qu'il a de la probité et des principes religieux... Il est constant que le langage de nos paysans n'est plus aussi rude qu'il l'était autrefois, et qu'ils comprennent bien le français, quoiqu'ils ne le parlent pas habituellement. Les émigrations soit des domestiques, soit d'ouvriers propres à exercer diverses professions dans les principales villes de France augmentent sensiblement, et il est à désirer que cette tendance se maintienne car l'amour de la patrie finit tôt ou tard par ramener des hommes fortunés et plus civilisés qu'ils ne l'étaient à l'époque de leur départ... » (1)

---

(1) D' Blanquet. — Discours sur la situation de la Lozère en 1844. Bull. S. A

La crise agricole et le paupérisme ·
Leurs conséquences

Nous n'allons point examiner ici l'état de l'agriculture au sens strict du mot ; c'est un sujet hors de notre compétence et que d'autres ont longuement et savamment traité 1).

L'état social des classes rurales est une question plus captivante et, en étudiant de près la situation économique de notre région, nous allons voir si les conditions d'existence de nos agriculteurs, loin de s'être améliorées ne sont pas devenues de plus en plus difficiles et précaires.

Mais pour envisager la question au point de vue actuel, revenons un peu en arrière : de tout temps on a jeté le cri d'alarme et, presque toujours, les appels sont restés sans réponses.

Une des principales causes des maux du département, lisons-nous dans le Journal de la Lozère (An II) est la dévastation et le défrichement des bois. Rareté du combustible et du bois de construction ; diminution des pacages ; éboulements qui détruisent ou dénaturent les propriétés ; maladies plus frequentes et plus dangereuses : tels sont les effets de l'aveugle travail des hommes. Comme si la nature n'était pas affligée d'assez de maux pour qu'il fallut encore que l'homme appliquât lui-meme son industrie à en augmenter la masse (2)

---

(1) Voir le travail déjà cite de notre collegue, M. E. Cord.
(2) Statistique par le Baron Florens.

C'est que le déboisement de nos montagnes n'a pas
peu contribué, ainsi que beaucoup semblent l'ignorer, à
la ruine de notre système agricole ; le côté pittoresque y
a aussi perdu, car l'œil ne découvre partout que causses
chauves et cimes dénudées et, quelques spécimens de notre faune ont disparu à jamais de chez nous.

Des trois cent mille hectares de forêts qui couvraient
notre département, il y a un siècle, c'est à peine s'il en
reste trente cinq. L'avidité des indigènes, les abus de la
part de certains usagers, le pillage et les coupes réglées,
le maraudage, les incendies — œuvre de vengeance —
ont nivelé nos forêts séculaires ; on n'élaguait pas les ar
bres, on les déracinait, détruisant ainsi tout moyen de
reproduction.

Le déboisement fini, on a défriché, on a voulu cultiver.
Les socs ont défoncé les pentes — dégazonnés déjà par
la dent meurtrière des moutons ne s'arrêtant qu'aux abî-
mes et les émiettant peu à peu sous leur désastreux piéti
nement — et les pluies sont venues achever l'œuvre com-
mencée par l'homme. Les terres n'étant plus fixées au
roc sous jacent ont été entraînées par les eaux qui sont
allées porter dans les plaines fertiles, avec les débris de
notre sol, les ravages des inondations.

Le tarissement des sources, la disparition de l'humidité
nécessaire à la croissance de l'herbe, le dégazonnement,
l'accumulation des neiges, la dégradation des routes et
chemins vicinaux, l'encombrement du lit des rivières et
leur dépeuplement, les inondations terribles, rapides et
plus nombreuses, la transformation de nos pacages en
déserts de pierre, la fin de notre art pastoral :

La Lozère expiera peut-être longtemps l'œuvre de certaines
générations qui ont sacrifié l'ancien sol forestier et fait pa-

cager les montagnes et les hauts plateaux pour se livrer à une culture exagérée du blé (1).

On cultive « trop » et on cultive mal, disait on, il y a 80 ans,

Le premier résultat a été la perte de notre industrie lainière, la seule autrefois florissante — avec le commerce du bétail — assurant du travail à tous les ménages, répandant un peu d'aisance dans les chaumières, donnant lieu, sur la fin du siècle dernier à un trafic annuel de plus de douze millions de francs.

L'invention des nouveaux procédés de fabrication, l'écrasante concurrence des grands centres, ont anéanti nos fabriques d'escots et de serges, la cadisserie si prospère autrefois. Puis les chemins de fer ont complété la ruine, en livrant le principal marché du bétail lozérien, qui est dans la vallée du Rhone et le Midi, à l'invasion des bestiaux étrangers, et surtout, en détournant à leur profit, l'ancien transit des marchandises et des voyageurs (2)

Voici la situation de nos montagnes, il y a 40 ans, d'après un rapport établi par une commission d'hommes compétents :

..... des propriétaires qui chaque année, en plus grand nombre, ne trouvent pas de fermiers ; des fermiers qui ne forment plus qu'une classe d'hommes ruines, miserables, incapables de mettre les fermes en valeur, autant par le manque des valets que par le manque d'argent ; la situation des uns et des autres devenant si precaire, leur défiance réciproque si grande, que la plupart des baux n'ont plus lieu que pour trois ans, souvent pour deux ans, assez souvent pour un an seulement. Ces baux con-

---

(1) Th Roussel. — Bull. S A. 1861.

(2) Voir dans les Memoires du Bull. de la Société, les statistiques de MM. Ignon (1827), Madin (1857), Delapierre (1859) et Roussel (1861).

clus de plus en plus avec la clause du partage des récoltes en
nature, les fermiers ne voulant désormais à aucun prix s'enga-
ger à payer des rentes fixes en blé ou leur équivalent en argent.
Beaucoup de ces fermiers ne possédant pas même les cabeaux
qu'ils conduisent avec eux comme leurs plus sûrs garants ; au
moindre contretemps, ces cabeaux frauduleusement dispersés
et les exploitations abandonnées. D'autre part, des paysans cul-
tivateurs écrasés sous le poids des hypothèques qui les grèvent
et sans autre moyen de délivrance que l'expropriation forcée
qui fonctionne en grand chez nous, comme une sorte d'institution sociale établie pour liquider la propriété et qui est devenue
la grande affaire de nos tribunaux. Depuis que la rente publique
et les placements industriels ont fait appel aux capitaux qui
allaient vers la terre, absence complète de crédit, impossibilité
absolue de trouver d'autre assistance que celle d'une odieuse
usure pour opérer les améliorations sans lesquelles la production
ne peut plus suivre désormais le niveau qui s'élève toujours
des charges publiques.

Comment s'étonner que les mains qui tiennent la charrue dans
de telles conditions paraissent si souvent défaillantes et que dans
nos hautes terres le domaine du labour devienne si triste à voir,
qu'en 1857, un des rapporteurs du jury du Concours régional de
Mende crut pouvoir annoncer que bientôt les moutons y rempla-
ceraient les hommes ? Cette prophétie qui eut autour de nous
un certain retentissement douloureux, n'est que trop vraie cependant. Le Lozérien qui ne quittait son village autrefois que
pour y rapporter un pécule, s'en va maintenant de plus en plus
sans esprit de retour et le mouvement qui emporte les hommes
est si rapide qu'en regard des tableaux qui établissent un excé-
dent relativement élevé des naissances sur les décès, le dernier
recensement est venu accuser, dans une période quinquennale,
une diminution absolue d'environ 5.000 âmes sur une population
inférieure à 15.000 habitants... (1).

Mais ce n'est pas tout et le tableau n'est point chargé à
plaisir. De nouvelles causes ont achevé de rendre difficile
la situation de nos malheureux paysans.

_____

(1) Bull. S. A. 1859.

Les impôts toujours croissants — la Lozère paye un impôt foncier excessif, qui égale le cinquième du revenu et parfois davantage — les droits dispendieux de muta tion (timbre, enregistrement, honoraires des hommes d'affaire) résultant d'une défectuosité de nos lois fiscales ou de notre législation successorale, la cherté excessive de la main d'œuvre ; l'augmentation des salaires ; la mé- vente des céréales, des bestiaux et des fruits : la concur rence étrangère : les mauvaises récoltes (inondations. pluies, grêles, gelées) les pertes de bestiaux ; les procès trop nombreux ; l'instruction et le service militaire (1) ; l'affaiblissement du sentiment religieux ; l'amour crois sant du luxe et du bien être matériel (2), fruits de notre civilisation ; les mauvaises affaires ; les dettes contractées et dont les revenus n'offrent pas même l'espoir de pouvoir un jour s'acquitter (3) ; la stérilité volontaire ; la dépopu- lation ; l'émigration forcée, mais nécessaire ; tel est le bi - lan de cette fin de siècle et telles les sources multiples de l'état de détresse où se trouvent nos familles agricoles :

---

(1) Voir dans la première partie de cette étude le chapitre : *Emigration Lozérienne.*

(2) Les mœurs, la manière de vivre, le costume, les habitudes et les besoins ont bien changé depuis un demi siècle et changent de jour en jour ; si les campagnards sortent un peu plus de leurs hameaux qu'autrefois, voyagent, vont à la ville sans y prendre ce qu'il y a de meilleur, fréquentent les auberges et ca- fés, ils ne connaissent point notre luxe et n'achètent à l'indus- trie et aux arts que ce qui suffit aux exigences de leur genre de vie.

(3) Une des ambitions de nos paysans est surtout de posséder, de domestiques devenir fermiers, de fermiers propriétaires ; c'est là encore une des causes de ruine à ajouter aux autres.

ce n'est plus l'avènement, c'est l'envahissement du pau-
périsme (1). Qui dira le remède à cet état de choses ?

*
* *

Deux faits caractérisent la situation créée par la légis
lation successorale : la dépopulation des campagnes, le
dégoût du cultivateur pour la vie rurale : les causes pré-
cédemment énumérées y contribuent pour leur part également.

La fécondité des familles agricoles a diminué très sensiblement, et cependant la fortune du père est dans le bras
de ses enfants, serviteurs dociles et désintéressés (2). Avec
l'instruction et le désir de s'affranchir des durs labeurs,
les fils ont vu naître des idées d'indépendance, la jalousie
ou la haine des classes privilégiées ; les vieilles traditions
ont été oubliées : l'autorité paternelle et le sentiment de
la famille ont disparu peu a peu. Le relâchement des
mœurs a donné le dernier coup de bélier à l'antique or-

---

(1) Germain. — Les paysans du Midi de la France. 1842.

(2) « 'La prospérité d'un pays est toujours en proportion avec
sa population... sans population point de travail, sans travail
point de produits, sans produits point de richesse ... La
population produit la richesse et la richesse appelle la
population. Si la population est éclairée et instruite, elle ajoute
à la quantité des produits, la facilité et la perfection des produits, deux causes d'accroissement de richesse. » Baron Florens
1829.

Hélas ! malgré l'instruction, cette richesse semble rester, pour
notre région, une chimère !

dre social. On rencontre bien encore, il est vrai, quelques *familles souches*, de ces vieilles familles patriarcales
dont les chefs étaient sans ambition et auxquels l'héritage
des aïeux suffisait ; mais le XXᵉ siècle n'en verra t il pas
la fin ?

Le dégoût de la vie rurale, nous le devons à notre
régime qui a substitué a l'ancienne stabilité des héritages
leur morcellement. Les familles fécondes se perpétuaient
au même foyer et sur le même domaine agrandi de génération en génération, non par des acquisitions mais par
des héritages successifs.

En facilitant l'accès du paysan à la propriété — avan
tage bien restreint dans un pays comme le nôtre où la
petite propriété existait depuis une époque reculée —
notre Code a permis le démembrement progressif des
grandes exploitations et la division à outrance des petites
propriétés, la ruine des petits propriétaires — par l'augmentation des frais généraux, des charges, des droits con-
sidérables et excessifs à payer — réduits a devenir quelquefois fermiers de leur propre bien. L'idéal qui retenait
sur place et encourageait autrefois le paysan — l'ambi-
tion de léguer son foyer, une part prépondérante de son
héritage à l'un de ses enfants destiné à conserver le bien
familial et à le transmettre à son tour, l'espoir de trouver, auprès de cet héritier, l'assistance, les soins et les
égards qu'il attend de lui dans sa vieillesse — a été brisé
par la Loi.

Si bien qu'au seuil du XXᵉ siècle et par un contraste
presque paradoxal, on peut dire que la situation difficile
de nos familles agricoles est le fruit de ces conquêtes de
la civilisation qui répandent ailleurs le bien-être et la
richesse et, rappeler les paroles suivantes :

« Nous ne sommes pas moins unanimes à penser que les montagnes de la Lozère ne verront pas la fin de leur détresse, avec celle du régime précaire sous lequel nous vivons. L'influence des causes supérieures dont il ne nous appartenait pas de rechercher l'origine et la nature, continuera à peser sur elles d'un poids fatal. Dépourvue des moyens qu'elle trouve partout ailleurs, l'agriculture n'y fera qu'exceptionnellement les progrès sans lesquels le prix du blé ne peut s'abaisser et la production être maintenue au niveau toujours ascendant des charges publiques » Th. Roussel. Loc. cit.

*
* *

« Il est peu de départements dans lesquels on rencontre un plus grand nombre de mendiants que dans celui de la Lozère, considéré relativement à sa population »

écrivait, en 1845, un lozérien, le Dr Blanquet. Depuis cette époque, la ruine de notre industrie s'est parachevée et la crise agricole n'a fait qu'augmenter. Aussi, voyons nous, aux approches de chaque hiver, toute une théorie de mendiants envahir nos villages et nos villes et assiéger nos portes, concurremment avec les chemineaux de passage. Au retour de la belle saison, leur nombre diminue, car les travaux agricoles réclament beaucoup de bras ; l'émigration augmente bien d'année en année, mais n'a pas atteint jusqu'ici le point où elle doit arriver pour être avantageuse au département.

De ces indigents, les uns sont de petits propriétaires ruinés par des spéculations malheureuses, expropriés et jetés à la rue ; tendant la main par nécessité et en rougissant, ils sont dignes de notre bienveillance ; les autres, font de la mendicité un métier qu'ils exploitent, parasites et paresseux sans moralité, encouragés par un esprit de charité mal entendue qui ne sait pas les distinguer des véritables besogneux. Ce sont ces derniers surtout qui, obséquieusement demandent l'aumône et qu'on voit apparaître fréquemment, drapés de vieux habits usés et déchirés à dessein. L'indigence est devenue une sorte d'institution, si bien que dans presque tous les villages, une ou deux maisons sont chargées de fournir aux pauvres un asile et quelques écuellées de soupe.

Avec les difficultés croissantes de l'existence, le sentiment de la famille et le sentiment religieux se sont affaiblis ; les mœurs, conséquence fatale, se sont relâchées et, le caractère du campagnard s'est profondément modifié.

Par une sorte d'insouciance et, davantage par jalousie, il laissera paître son troupeau dans les terres du voisin — source continuelle de procès — ou brouter et saccager les jeunes taillis des forêts de l'Etat — que de procès-verbaux dressés par les agents forestiers ! — Si le bois manque pour le chauffage ou pour fabriquer les instruments de la ferme, c'est chez le voisin ou dans le domaine de l'Etat qu'il portera la hache. En allant à la foire, il coupera brutalement le jeune arbre planté au bord de la route pour s'en faire un fouet, un aiguillon ou une canne (1), ou cueillera en passant les fruits que les branches basses semblent lui offrir, tout en poussant devant lui ses bêtes, nonchalamment.

_____

(1) Delapierre. — De la plantation des routes. Bull. S. A. 1871.

Le maraudage est chose commune. L'amour du gain —
un gain vite laissé à l'auberge — en pousse beaucoup a
braconner et à pêcher, soit à l'aide d'engins interdits,
soit en temps prohibé ; pris, ils sont d'une mauvaise foi
inconcevable qui leur vaut souvent les rigueurs des rè-
glements. Les récidivistes constituent la majorité des dé-
linquants.

« Pourvu qu'on ne puisse etre traduit devant les tribunaux on
se croit tout permis, car ce qui n'est pas puni par la justice humaine passe pour licite aux yeux des gens grossiers et brutaux.
Les paysans se sont fait une morale contre laquelle la religion
et tous les prones de leur curé ne peuvent rien   c'est que la
vengeance et le vol des petites choses sont de justes compensa-
tions des torts qu'on leur a fait. » (1)

Ils fraudent aussi, mais peu ; ils frustrent l'octroi de
quelques deniers et facilitent la contrebande — surtout
celle du vin et des alcools — sans se douter qu'ils sont
les premières victimes de leur complaisance. Quelques
menageres matinales venant vendre le lait a la ville savent bien lui faire subir le baptême préalable de l'eau,
mais ignorent les procédés usités ailleurs pour fabriquer
ce liquide artificiellement ; bien des fois aussi, les pains
de beurre achetés au marché recèlent dans leur ventre
un amas de lait caillé sans valeur et frauduleusement
vendu de la sorte à un bon prix.

Avec cela, de la défiance et un peu de jalousie vis a
vis du citadin ou de l'étranger dont le sort est plus favo
risé. Interrogez un paysan sur ses affaires : il ne vous dira
pas un mot de vrai, mais se plaindra le plus souvent — à

_____

(1) Germain. — Loc. cit — Mosaïque du Midi. 1842.

juste titre ; à la chasse, par exemple, demandez lui s'il connaît quelque gibier dans la région : neuf fois sur dix, il aura plaisir à vous induire en erreur et se moquera de vous dès que vous aurez tourné les talons pour suivre ses fausses indications (1). A l'auberge, voyez de quelle façon vos pièces sont examinées, tournées et retournées, de mains en mains, avant que la monnaie vous soit rendue et avec quelle difficulté on fait accepter les pièces d'or ou les pièces nouvellement frappées.

Jules BARBOT.

Novembre 1900.

(A suivre).

——— ———

(1) Qui n'a pas vu des bergers de tout âge cherchant à détourner l'attention du chasseur, rarement naïf, par ce cri répété sur tous les tons . « *Lo lébro* ! *Lo lebro* ! » ou bien encore, excitant leurs chiens contre les chiens de chasse, les chevaux attelés ou montés ?